CRIANDO LEONES

Joe Newman

Traducido por Gustavo Bulgach y Julie Santiago
Portada diseñada por Sabah Quadir
Foto de la contraportada por Martin Cohen

ISBN: 1515180840
ISBN-13: 978-1515180845
Número de control de la Librería del Congreso:
2010909045

A mi madre
Arlene Newman
1939 – 2009

Reconocimientos:

Primero quiero agradecer a mi esposa Julie y a mi hija Joan sin cuyo constante apoyo este libro no hubiera sido posible. Quiero agradecer a mi amiga y editora Jane Jerrard quien dedicó su invaluable tiempo a este proyecto. Y un agradecimiento especial a Elizabeth Boetcher por toda su ayuda.

Los que siguen son quienes con su apoyo y aliento contribuyeron a que yo pueda terminar este libro: Ira Newman, Kathy Gibson, Rebecca Gradinger, Howard Sanders, Greg Tillman, Randy Olson, Ansel, Jeremiah, Francziska, Dwight, Temi, Michelle, mis traductores Gustavo y Julie y todo el equipo de la Escuela de la Fundación para niños excepcionales "Kayne-Eras"

También debo un profundo agradecimiento a mis amigos de la SGI y particularmente a Daisaku Ikeda por su constante aliento.

Para actualizaciones de este libro, tutoriales en video y registro de apariciones de Joe Newman ir a CriandoLeones.com

CONTENIDO

INTRODUCCIÓN

Me encuentro frente a la ventana del aula de aislamiento, intentando mirar sin interés. Del otro lado se encuentra Madison, una niña de ocho años, gritando a todo volumen y golpeando con su puño el plexiglás. Se ha pasado gritando insultos y amenazas por 45 minutos.

Esa misma mañana Madison arrojó su pupitre y escapó de la clase para esconderse en el estacionamiento de la escuela. Se había enfurecido con su maestra por pedirle que deje de leer su libro y prestara atención a las matemáticas. Por fortuna las puertas del estacionamiento estaban cerradas y esta vez Madison no pudo salir del perímetro de la escuela como tantas veces en el pasado. Los maestros tardaron 10 minutos en encontrarla escondida debajo de un auto y otros 10 minutos más en llevarla al aula de aislamiento. Anoté en mi cuaderno acerca de la ubicación donde los maestros debían sentarse para poder prevenir que escape la próxima vez.

Observando este panorama, me parecía muy difícil entender que Madison era la misma niña que dos días atrás ganó el concurso de deletreo de palabras vestida de azul y blanco y lazos en el cabello.

Dos semanas antes el administrador de la escuela me pidió que observara a la niña y les dijera si existía alguna forma de revertir esta situación de conducta. Yo dirigí algunos talleres ahí, ganándome una buena reputación entre los maestros por haber revertido la conducta de sus peores alumnos, y querían utilizar todos los medios posibles con Madison antes de enviarla a una institución especial.

El niño con problemas de conducta

Cuarenta años atrás yo era el niño con problemas de conducta. De pequeño ponía los dedos en los enchufes de corriente todo el tiempo. Mi madre cuenta que mi padre me golpeaba en la mano cada vez que yo lo hacía. Pero con lágrimas en los ojos y en actitud desafiante, yo volvía a hacerlo una y otra vez hasta que mi padre perdía los estribos y me acarreaba a otro lugar. A los 3 años aprendí a utilizar el destornillador y empecé a desensamblar todas las cosas de mi casa (como la silla de la sala a la que le quité todos los tornillos para observar, escondido en el armario, que mi vecino se desparramaba por el suelo luego de sentarse y que la silla volara en miles de partes). Yo era muy agresivo con los otros niños, les pegaba y les quitaba sus juguetes. Cuando mi madre me llevaba al parque las otras madres tomaban a sus hijos y se movían a otra parte.

En primer grado me pasaba el día peleando con mis compañeros y en segundo grado fui diagnosticado con "Trastorno con déficit de atención con hiperactividad" (T.D.A.H.) y medicado con "Ritalín". La medicina ayudó un poco a mantenerme bajo control, pero no por mucho tiempo. Me pasaba mucho tiempo en la oficina del director.

Me costaba enfocarme en las clases y tenía dificultad para sentarme a leer o escribir por más de cinco minutos. Mis maestros me describían como "no trabaja a la altura de su potencial" o "sería un buen estudiante si tan solo lo intentara". Cuando eres un niño con problemas para enfocarse o controlar sus impulsos, los maestros te tratan como si no entendieras qué se espera de ti o simplemente como que no te importa. Te pasas todo el tiempo molestando o siendo desaprobado por todos y catalogado como un niño disgustado.

La verdad es que no se si hubiese terminado la escuela de no ser por mi entrega al equipo de lucha libre y a mi madre que aceptó ayudarme a escribir mis dictados. Una vez al mes ella escribía todo lo que yo le dictaba gritando mientras caminaba por toda la casa.

A pesar de que la escuela me dejaba un sentimiento de humillación y enojo, la completé y hasta fui admitido en la universidad estatal (en ese entonces solo se admitían alumnos con una nota decente en la prueba de actitud escolar (S.A.T por sus siglas en inglés). Pero la universidad tenía para mí el mismo sabor de siempre. Sentarse, escuchar y repetir más de lo mismo. Lo único que me ofreció fue competir en beber licor, cosa que aprendí en la secundaria. No le veía el porqué de continuar, así que siete meses después me afeité la cabeza y me dediqué a correr tablas todo el día.

Por fortuna descubrí que el mundo real era más atractivo que la escuela. No había tantas tareas para hacer y un empleo era más divertido porque seguía las reglas prácticas de cómo resolver problemas. Requería de nuevas ideas y no de memorizar reglas establecidas en el pasado. El aprendizaje estaba dentro de un contexto y siempre estaba seguro de lo que había que aprender. Los problemas y las situaciones en mi empleo siempre acarreaban preguntas y solo tenía que buscar las respuestas. En la escuela en cambio, no podía encontrar respuestas a preguntas que nunca había hecho.

Los próximos 10 años viajé y corrí tabla. Fui carpintero, entrenador personal, y desarrollé varios negocios pequeños. Empecé a revertir los hábitos que tenía en la época escolar. Me di cuenta que no era ni estúpido ni vago, sino consciente, organizado e inteligente.

Pero, a los 28 años, por mucho que las cosas habían cambiado, yo seguía fuera de control y una mañana amanecí tirado al lado de una carretera, sin recordar como llegué hasta ahí. Esquivé a la muerte, por lo que algo en mi interior se movió. Reflexioné acerca de mi vida hasta ese momento y sentí la necesidad de una razón para vivir. En esos días partes de mi vida comenzaron a aflorar en mi mente, un patrón de conducta emergió y las cosas se pusieron en su lugar.

Continuaba acarreando la vergüenza de tener T.D.A.H. y que mantenía en secreto y solo sabían mis padres y los médicos. El "Ritalín" era mi máscara para sobrevivir bajo líneas enemigas. Cada vez que tomaba una de esas píldoras, también me tragaba la idea de que era yo el que tenía el problema. Pero los últimos 10 años habían comenzado a enseñarme algo diferente.

En lugar de ser el que no se podía quedar quieto, yo era el movedizo que arreglaba cosas. En lugar de enfocarme en una sola tarea, yo era el que hacia muchas cosas a la vez y me adaptaba muy fácilmente. En lugar de ser agresivo e impulsivo era espontáneo y con energía. En vez de hacer mil preguntas, yo era el que primero en resolver los problemas. En vez de seguir reglas, yo era creativo y sin miedo a experimentar. Mis cualidades fuertes eran la contracara de todos estos "trastornos" que necesitaban medicación. Me llevo 28 años reconocerlo, pero yo era un león.

En el momento que puse todo junto, también me di cuenta que con seguridad habrían millones de leones en las escuelas de los Estados Unidos y que quizás nadie sabía cómo tratarlos. Resolví que necesitaba encontrar y ayudar a criar a estos niños. Al día siguiente fui a una escuela pública y le dije al director: "Quiero trabajar con sus alumnos más indisciplinados, aquellos que vuelven locos a sus maestros y nadie sabe qué hacer con ellos"

Crisis Joe

Sin sorprenderme, descubrí que tenía mucha habilidad para trabajar con niños-problema. Siete meses después de estar trabajando en la escuela empecé como "Interventor especialista en crisis" en un campamento para 280 niños con grandes problemas de conducta. Como no tenía un título universitario, me enrolé como consultor. Pero luego de hablar con el director y contarle mi experiencia de que la realización de mi T.D.A.H. era más un regalo que un problema; el director me asignó como uno de los dos especialistas en intervención de crisis. El otro especialista era un doctor que me entrenaría durante el campamento.

Ese verano en el campamento fue muy estimulante. Me encontraba trabajando con un grupo particularmente difícil, cuando por el altavoz gritaron: "Crisis JOE! Crisis JOE! al sector G15!". Corrí hacia el sector y me encontré con una niña de 9 años rompiendo ventanas con una escoba mientras el asistente se defendía de sus golpes. Yo tenía buenos instintos, todos los niños con los que trabajé volvieron a la normalidad. Seguramente porque yo me veo reflejado en muchos de ellos y se lo que hay que hacer en momentos críticos. No tomaba de manera personal cuando los niños tenían una rabieta o intentaban manipularme. Seguramente porque instintivamente sabía de porqué lo hacían. Porque yo también luché contra la mente sin límites que estos niños poseen, traje a mi trabajo la visión de la capacidad que tiene un niño para auto controlarse y las armas que se necesitaban para que este autocontrol pudiera emerger a la superficie. Cuando observaba a algún niño que era manipulativo, usualmente sentía que provenía de una aguda visión de la dinámica social y no de una falta de capacidad para interactuar como mucha gente cree.

Cuando comento sobre mi trabajo muchos me dicen "que paciente debes ser", pero yo no soy paciente, más bien es que me enfoco en mi trabajo al 100%.

En los siguientes 8 años trabajé de varias formas posibles para ayudar a niños con muchas dificultades. Fui capaz de lograr éxitos con niños difíciles en todo tipo de áreas. Trabajé como maestro, ayudante de maestro y especialista en disciplina en escuelas privadas y públicas. Ayudé a fundar una escuela "Charter" (escuela especial) y un programa de mentores. Diseñé un programa educativo en el campamento donde estuve anteriormente. Trabaje con niños de 2 a 18 años, niños diagnosticados con T.D.A.H. bipolares, perturbados emocionalmente, de oposición desafiante, autistas; así como con niños sin diagnósticos pero con muy mala conducta y muy salvajes.

Vuelta a la escuela

Luego de trabajar con niños por 8 años, descubrí que tenía que enfrentar al más grande de mis demonios que me venía atosigando desde mis días de estudiante. Yo sabía que necesitaba volver a la escuela. La energía que me motivaba a trabajar duro, también se interponía en mi camino a terminar mi propia educación. Me resistí lo más que pude pero lo hice.

En mi regreso a la escuela completé mis estudios y mi maestría en la "Antioch University" de Los Ángeles, California. Cuando llegó la hora de decidirme por mi especialidad, no quería seguir una carrera tradicional (como Educación o Psicología). Lo último que quería hacer era pasarme dos años estudiando cómo reconocer varios desordenes de conducta en los niños con los que yo trabajaba. Este era un paradigma que siempre me rodeó y el que yo sabía que no funcionaba. Una y otra vez trabajé con niños a los cuales un educador profesional o un psicólogo catalogaron como emocionalmente perturbados, bipolares, autistas o desafiantes. Todo eso para solamente descubrir que yo podía transformar todos estos síntomas en menos de un año. Estas etiquetas de desorden son tan fatales que limitan y condicionan la visión de los profesionales a cargo.

Decidí entonces estudiar "Gestión organizativa", un programa en el cual podía aprender dinámicas de comunicación, resolución de conflictos, motivación y sistemas de interacción. La gestión organizativa estudia la psicología grupal dirigida a adultos en condición de trabajo, y este campo es dominio e interés de la comunidad laboral. En otras palabras, si la teoría es buena y la gente está contenta y trabaja mejor, entonces esta teoría es considerada válida. En la comunidad comercial, cuando un trabajador o un grupo de trabajo no responden positivamente, diagnosticar y medicarlos no es una opción. Consecuentemente, las empresas gastan mucho tiempo en examinar como los sistemas de interacción influencian la conducta, la motivación y el desarrollo.

El modelo médico

La psicología moderna observa a niños con problemas de conducta, como Madison, y determina que tienen la química neurológica en mal funcionamiento. Los psicólogos recogen información acerca de un problema específico de conducta para descubrir cuál es el desorden en el comportamiento del niño. Este desorden se manifiesta como un desequilibrio químico en el cerebro que causa la diferencia de conducta entre los niños. Muchas veces, pero no usualmente, podemos medir estas diferencias químicas y confirmar el diagnóstico. Finalmente se prescribe una medicina para corregir esta diferencia.

En síntesis, la psicología cree que una mala conducta es causada por un desequilibrio químico en el cerebro, hace un diagnóstico (teoría) y prescribe químicos o medicinas para corregir este desequilibrio. Según esta "teoría", una química sumada a más química correctiva (medicina) da como resultado buena química y buen comportamiento.

Esto parece muy lógico hasta que consideramos que la mala química en el cerebro conlleva al mal comportamiento, pero también el mal comportamiento lleva a un desequilibrio químico en el cerebro. Sabemos que si un soldado va a la guerra por un año, puede regresar con el "Trastorno por estrés postraumático" (TEPT). La exposición a una serie de experiencias y situaciones puede alterar el balance químico en su cerebro. Si esto ocurre en el cerebro de un adulto, ¿Cuánto más sensible a conductas y experiencias es el cerebro de un niño?

En otras palabras, si un niño desarrolla patrones de conducta o se encuentra bajo un sistema de conducta disfuncional, la química de su cerebro muta a disfuncional. Si este es el caso, el niño con la química disfuncional puede cambiar a funcional si se lo expone a interacciones de conducta funcionales.

Lo que hice para modificar y corregir a estos niños, fue crear nuevos patrones de conducta que remedien y modifiquen los patrones anteriores que causaron esta condición en primera instancia. Al hacer esto, estoy creando nuevas experiencias y patrones de conducta que alteran no solo la reacción, sino

8

también la química del cerebro. El empuje de este libro le mostrará cómo crear nuevos métodos de interacción que pueden alterar la química en el cerebro, la conducta y el desarrollo para mejor sin necesidad de medicamentos.

Estos métodos de acercamiento que he desarrollado, no están diseñados solo para contener niños con problemas de conducta, más bien están diseñados para cambiar la raíz de la causa de esta conducta y por consecuencia cambiar el proceso interno del niño y su química neurológica.

En un artículo de la revista médica "El Atlántico mensual", Nicolas Carr escribe:

"El cerebro humano es infinitamente maleable. La gente solía pensar   que el tejido neuronal, esa densa conexión formada entre más de 10 millones de neuronas dentro de nuestro cráneo, estaba en su mayoría ya establecido cuando llegamos a la adultez, pero los investigadores han descubierto que no es así". James Olds, profesor de neurociencia que dirige el "Instituto Krasnow" en la Universidad de George Mason, dice que inclusive la mente del adulto "es muy plástica". Las neuronas diariamente rompen conexiones ya establecidas para formar nuevas conexiones. El cerebro, según Olds, "tiene la habilidad de reprogramarse en el momento, alterando la forma de funcionamiento"

La conexión con nuestros hijos

Siempre sentí que la mayoría de los problemas de conducta en los niños puede remediarse mediante una transformación de la conducta e interacción de los adultos que los rodean. En otras palabras, si quiere entender porque un niño se comporta de determinada manera, debemos estudiar el comportamiento de los adultos.

Me parece alocado que pasemos tanto tiempo y esfuerzo intentando descubrir la fuente del problema dentro de cada niño individualmente, e invirtamos tan poco tiempo entendiendo este comportamiento como consecuencia de la interacción con los adultos. El mío es un sistema de aproximación; me fijo en los detalles e implicaciones de la interacción entre niños y adultos. El comportamiento de los niños no puede observarse aisladamente.

Cuando observo a un niño nunca pienso "¿Cuál es el desorden neurológico que causa esta conducta?", sino que me pregunto "¿Cuál será el patrón de interacción que llevó a crear esta conducta?" y también "¿Cómo se comportan los adultos de su entorno?" y finalmente "¿Qué tipo de respuestas, lenguaje y medio ambiente es necesario para cambiar esta conducta a un sistema interactivo que refuerce el buen comportamiento y su psicología?"

Desde mis comienzos en este campo de trabajo, mi experiencia me ha demostrado que los problemas de conducta son el resultado de factores externos controlables y no de factores internos que no pueden controlarse. Irónicamente en este país se cree que primariamente, sino es que únicamente, se debe a la genética. La mayoría de estos problemas son vistos como consecuencia de un desorden neurológico, o a alguna característica premeditada. Entonces las soluciones son de tipo farmacológicas. Mi experiencia me ha demostrado que este comportamiento se encuentra en el exterior y puede ser modificado. Por eso es que decidí enfocar toda mi atención en encontrar caminos para cambiar esta conducta y en las dos terceras partes de esta ecuación: medio ambiente e interacción.

¿De qué trata este libro?

Este libro explica que los niños de hoy son más voluntariosos, más difíciles de criar y emocionalmente más débiles que los niños de 30 años atrás. Va a mostrarles cómo cambiar esta forma de criarlos para asegurarnos que sean sanos, fuertes y alegres. Les mostrará cómo prevenir y revertir, tanto problemas menores como problemas más graves como el caso de la niña Madison.

Este libro le demostrará como un niño desafiante y otro diagnosticado con un desorden, están solo a pasos del mismo camino. Mucho de los diagnosticados con desordenes son niños precoces o desafiantes, cuya mala conducta escaló por patrones de interacción que pueden ser entendidos y revertidos.

Existen muchos libros en el mercado de hoy que dicen "Aquí tiene herramientas y métodos efectivos para usar con su niño desafiante" o "Así es como se maneja eficientemente a un niño con un desorden psicológico de comportamiento". Lo que yo digo es simplemente que si usted cría a su niño desafiante usando los métodos y herramientas de este libro, ellos no desarrollarán ningún desorden de tipo psicológico ni de comportamiento. Si sus niños ya han creado algún desorden de conducta, les mostraré el método correcto en el orden de la acción para revertir esta situación y establecer una salud mental permanente.

Mientras que la dieta, la televisión y los juegos de video tienen un rol influyente en el comportamiento de nuestros niños, no juegan un rol central. En los últimos 18 años he visto una real transformación. Uno tras otro, muchos niños diagnosticados con desordenes, que fueron expulsados de la escuela o fueron medicados, han regresado a estudiar y han sanado solo cambiando la forma de interactuar con ellos. La manera de interactuar con los niños es el factor primordial y determinante de su conducta y salud mental. Nosotros somos los responsables del crecimiento potencial de los desórdenes psicológicos en los jóvenes. Ellos están bien, los que debemos cambiar somos los adultos.

¿Para quién es este libro?

Este libro es para los padres y todos aquellos que trabajan con niños. Acá le mostraré a los padres, maestros y profesionales formas más efectivas de criar, manejar y motivar a nuestros niños, sin la necesidad de medicamentos. Enseñaré como criar niños con auto disciplina y mejor preparados para el éxito en la escuela, el trabajo, su comunidad y sus relaciones humanas.

Acá sabrán del cambio que ha ocurrido en el desarrollo de los niños como resultado de su crianza. Los efectos de este cambio van de simples a severos y afectará dependiendo de las características innatas del niño.

Con las instrucciones de este libro, ese cambio puede ser revertido y el niño puede ser rescatado. Con todo lo que explico en estas páginas he logrado revertir muchas malas conductas a lo largo de 18 años.

¿Qué pasó con Madison?

Cuando empecé a trabajar con Madison, ella tenía dos años en la escuela de asistencia especial. A pesar de las "medicinas" con Litio y Depakote que le suministraban y de tener un maestro con dedicación casi exclusiva, solo empeoraba. Fue diagnosticada como bipolar, con perturbación emocional y desafiante-agresiva. Las medicinas dieron pocos e inconsistentes resultados. Sus ataques se manifestaban más a menudo. Su comportamiento iba desde arrojar libros, ataques permanentes a otros alumnos y hasta escaparse de la clase. Cuando los maestros intentaban detenerla la niña insultaba, golpeaba y amenazaba.

En el momento en que me llamaron, sus rabietas eran tan violentas y regulares que era llevada a la sala de penitencia de 3 a 5 veces por día. Su terapeuta y los maestros ya no tenían esperanza alguna y no sabían que hacer.

Diseñé un plan basado en las herramientas y métodos ilustrados en este libro y entrené a toda la gente que trabajaba con ella. Todos debíamos usar el mismo lenguaje durante los ataques y establecer firmemente las mismas consecuencias positivas y negativas. Los adultos a su alrededor coordinaron sus movimientos y acciones para que el esfuerzo de cada persona sea en sincronía y apoyo de los demás.

Nueve meses luego de mi intervención, Madison volvió a la escuela sin medicación ni ayuda especial. Casi 3 años más tarde es una excelente alumna de la escuela pública, libre de medicación y problemas de conducta.

CAPITULO 1

LA ANATOMÍA DE UN LEÓN

Hoy en día los padres y los maestros crían leones. Los métodos modernos de crianza y educación desarrollan niños con más determinación, más confidentes, seguros de sí mismos y sin temor a expresarse. Pero mientras los adultos criamos leones, nosotros nos comportamos como corderos. La crianza de nuestro niños se ha convertido en sobreprotectora, indulgente, hipersensible y deferente. Y la respuesta es simple, los corderos no pueden criar leones.

Los leones nacen o se hacen. Cuando a los niños les damos importancia, les mostramos afecto y hacemos que se sientan bien, es cuando se convierten en leones. Algunos nacen leones naturalmente seguros y competitivos. Pero se convierten aún en más fuertes, debido a los métodos de crianza que les dan poder y hacen de ellos el centro de todo.

Seamos claros, a mi gustan los leones. Pienso que criar a los niños leones es algo positivo, pero eso siempre que estemos preparados para criarlos como leones. El error es que intentamos expandir este poder y dárselo todo a los niños. Criamos leones porque deseamos que nuestros hijos sean gente poderosa, pero la gente poderosa también necesita límites poderosos. Cuando los niños se sienten con poder pero carecen de auto disciplina y autocontrol, los que vienen de firmes límites, su salud mental se desequilibra.

Consecuentemente, la salud de estos niños rápidamente declina. En los últimos veinte años se ha cuadruplicado la cantidad de niños que toman medicina psiquiátrica. En los últimos diez años hubo un incremento del 4000% en el número de niños diagnosticados con desorden bipolar, un 400% el aumento de prescripciones anuales para drogas estimulantes que aumenten la atención y un 333% de incremento en las recetas de medicamentos antidepresivos para niños (1,2) Los niños de esta época son más voluntariosos y más difíciles de manejar. Prácticamente todos los padres dirán que "los terribles dos" deben ahora llamarse "los terribles tres, cuatros y cincos"

He llegado a la conclusión de que el alto incremento en los problemas de conducta y salud mental en nuestros niños, es consecuencia de un cambio ocurrido en un estado crucial de su desarrollo sicológico. Este cambio es la diferencia de cómo criamos a los niños hoy en día. No todos han sido afectados de la misma manera, y este cambio y sus efectos varían de niño en niño. La diferencia entre cada niño radica en las características internas y la exposición a este cambio.

Nuestros niños no son islas

El comportamiento, intelecto y emociones de nuestros niños están estrechamente conectados a nosotros a través de muchos canales de interacción.

En las próximas páginas les mostraré un cuadro básico de cómo entender el desarrollo sicológico de los niños. Esta teoría de desarrollo es llamada intersubjetiva (3). Por intersubjetiva me refiero a que observa el desarrollo del niño focalizándose en la interacción entre los sujetos (el niño, padre-madre, maestros). Esto no significa que el niño está completamente desarrollado por sus interacciones. Los que tienen niños saben que dos de ellos criados exactamente de la misma manera pueden ser completamente diferentes. Más bien es la interacción entre la naturaleza particular del niño, sus relaciones y experiencias, las que determinarán su desarrollo.

Poder y conexión

Hay dos habilidades que son esenciales para el sano desarrollo y la salud mental del niño y que lo ayudará toda su vida: poder y conexión (4). La salud mental del individuo requiere que desarrolle un balance de estas dos habilidades.

El poder es el reconocimiento de sí mismo. Cuando Emily de 16 meses de edad, sube a una silla alta por primera vez y grita, "¡Mira mamá!" o cuando Miguel de tres años de edad le quita el juguete a otro niño y le dice, "¡No! ¡Es mío!, están ejercitando desde ya su poder. Poder es la habilidad de reconocer y tomar la iniciativa, basados en el propio deseo, necesidad, interés u opinión. El pedir, tomar lo que no necesita y sentirse confiado de sus habilidades, en el niño, son ejemplos de poder.

Conexión es el reconocimiento de los demás. Cuando Hannah de tres años de edad, deja sus juguetes porque su madre le ha dicho que es hora de ordenar, o cuando Andrew de cuatro se queja con la maestra que otro niño le ha quitado su muñeco en lugar de pegarle o empujarlo, están ejercitando la conexión. Conexión es la habilidad de conectarse con otros. Respetar las necesidades y deseos de los demás, tener amigos cercanos, relaciones íntimas y simpatizar; todo eso es resultado de la habilidad de conexión. La auto disciplina es la natural consecuencia de la conexión.

Para cuando yo terminé la escuela secundaria, mi sentido de propio poder y valor (reconocimiento del yo) había sufrido bastante. Los métodos autoritarios y juicios de valor que utilizaban los maestros conmigo, me dejaron profundas heridas.

Luego de trabajar para reparar estas heridas por más de 10 años, mi menor intención era crear esas heridas en otros. Mi desafío era imponer fuertes límites, que reconozcan (reconocimiento de otros, conexión) y también respeten el espíritu de independencia del niño (reconocimiento del niño, poder)

Un cambio cultural: de conexión a poder

La cultura diferente de tratar a los niños ha ocasionado un elevado número de enfermedades sicológicas. Una manera de entender esto es observando el cambio que nosotros como sociedad, hemos hecho en la visión de qué es importante para la crianza de nuestros niños.

En 1924, cuando los sociólogos le preguntaban a las madres que rasgos les gustaría que tuvieran sus hijos, contestaban que la obediencia, lealtad a las instituciones religiosas y buenos modales (reconocimiento de otros, conexión) (5). Pero a medida que los padres toman conciencia que los métodos autoritarios de educación (reconocimiento del adulto y negación del niño) producían adultos con poco poder; se enfatizó el educar y criar niños con más poder y una más alta autoestima (reconocimiento del yo, poder). Esta idea abrió camino a la teoría de que la mejor forma de educar y criar está centrada en el niño. Para 1998, los rasgos más importantes para las madres en sus hijos, cambió a independencia y tolerancia (6). El reconocimiento del adulto ha perdido importancia y el reconocer al niño se ha convertido en el foco central de la crianza (reconocimiento del niño y negación del adulto).

Consideremos que hace 100 años atrás, la mayoría de las personas mantenían el matrimonio de por vida por el gran poder de conexión, inclusive si no eran felices. Hoy en día la gente es más libre de pensar y decir lo que siente y desea, pero mientras, son incapaces de relacionarse por largo tiempo.

De la prioridad de enseñar al niño la importancia de reconocer y ser considerados con los demás; cambiamos a la de reconocerse y considerarse a sí mismos. Del énfasis a la auto disciplina se cambió al énfasis a la auto-expresión.

El problema es que un desequilibrio en cualquier dirección, traerá como consecuencia la infelicidad y el sufrimiento. Mientras hoy este desequilibrio se manifiesta en niños que son difíciles de controlar y en el incremento de las enfermedades sicológicas en la nueva generación, hace 100 años también existían. Se manifestaban en problemas sicológicos que dañaban la habilidad de la gente en dirigir sus vidas a un camino de poder y autoconfianza. Cuando esta importancia estaba puesta en la conexión y consideración hacia los demás pero no en las propias necesidades, el sufrimiento y las enfermedades se manifestaban interiormente. Actualmente, si la importancia está puesta en el reconocimiento del yo y no en la conexión o responsabilidad para los demás, la gente manifiesta el sufrimiento a través de la conducta social y en voz alta.

Por supuesto, este cambio en la educación de los niños no afectó a todos por igual. Muchos maestros y padres de familia utilizan métodos con sus niños que mantienen el balance entre el poder y la conexión. De todas formas, no es esta la norma. En el transcurso de estos 18 años visité escuelas y hogares donde utilizan métodos de educación que no surten efecto en niños competitivos, obstinados o niños-niñas Alfa. Cuando los leones son criados con poder y poco reconocimiento, su conducta escala a niveles casi imposibles de controlar. Muchos desarrollan patrones que son la base de un desorden de conducta. Cincuenta años antes estos niños eran clasificados como "precoces" y muchos de ellos hoy son medicados por un desorden sicológico.

Inclusive los métodos de educación donde no se insiste en que el niño reconozca a los adultos a su mismo nivel, no les hace ninguna justicia. La mayoría de los estudiantes que entra a la universidad son narcisistas, con más inclinación a ser depresivos y sienten menos conexión con las responsabilidades con su entorno, que cualquier otra generación en los últimos 70 años (7). No es suficiente el volver el péndulo hacia un lugar central donde existe más conexión y menos poder. Es tiempo, en cambio, de demostrar nuevos modelos de interacción que eduquen niños con sentido de poder y de conexión con los demás. Es mejor mover el péndulo hacia adelante que de un lado a otro.

El péndulo a medio camino

Yo nací en 1963, con carácter fuerte, competitivo y difícil de controlar (un león). Pero no fui, como sea, más competitivo o voluntarioso debido a los métodos de crianza que me alababan o daban más poder. El 63 fue el año casi final de una educación autoritaria y me perdí la educación basada en la autoestima que nació en la década de los 80. Creo que si yo hubiese sido criado con los métodos de hoy, seguramente no me hubiesen podido controlar.

En mi primer día de trabajo en la escuela ingresé como si recién hubiese tomado conciencia de ser un león. Quería trabajar con niños también leones y que habían sido mal entendidos, reprimidos y etiquetados como fue en mi caso. Pero las cosas habían cambiado desde que estuve en la escuela y hoy los niños son más voluntariosos y más complicados. El número de leones se habían multiplicado y crecía.

He llegado a reconocer dos enfoques diferentes en la forma de lidiar con estos leones. La primera es la que experimenté cuando aún estaba en la escuela, era una forma autoritaria, prejuiciosa y vengativa (negar al niño y reconocer al adulto) y la segunda es la permisiva y positiva al extremo (reconocimiento del niño y negación del adulto)

Muy a menudo cuando veo a padres y maestros utilizar este segundo enfoque de "guantes de seda", pienso que el niño se "comerá al adulto crudo". Afortunadamente nunca me dieron tanta libertad y mi comportamiento nunca escaló a los niveles de los niños con que trabajo hoy.

La forma en que los niños se veían en relación con los adultos (su propia identidad) fue cambiando.

El desarrollo de la propia identidad en los niños

Los cambios en la cultura, medios de comunicación y la forma de educar, que han desplazado la importancia de reconocer a los demás (conexión) a la de reconocerse a uno mismo (poder), han modificado, desde la base, el desarrollo de la auto-identidad de nuestros niños.

La auto-identidad de un niño determina cómo se ve a sí mismo, como ve a otros y al mundo a su alrededor y en qué medida ha desarrollado ciertas habilidades emocionales necesarias para navegar con éxito los desafíos de la vida y sus dificultades. El desarrollo de esta auto-identidad pasa por 3 estados diferentes: unidad, omnipotencia e interdependencia (8).

La primera auto-identidad es la unidad porque el niño aún no ha reconocido completamente la separación entre él y los demás

21

(9). Este estado ocurre entre el nacimiento y los primeros 14 meses de edad. Es alrededor de los catorce meses cuando el bebé entiende que la madre puede tomar sus propias decisiones (10). Hasta ese momento, mientras que la madre es una entidad separada, parece, sin esfuerzo, ser guiada por los deseos del niño. El niño en estado de unidad se arrojará sin ningún temor desde la mesa al suelo con la seguridad de que su madre lo protegerá antes de caer.

Unidad

Otros no están separados del yo

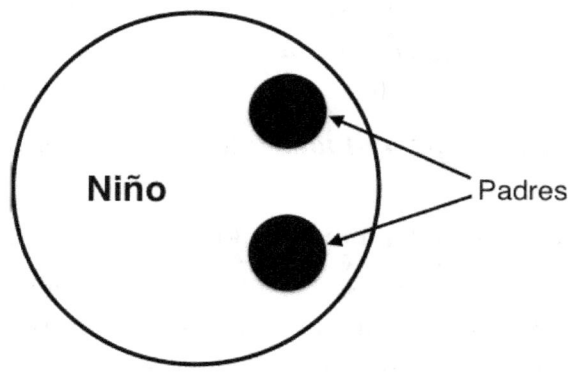

Quedamos en que es alrededor de los 14 meses en que el niño se da cuenta que él y su madre son independientes y que él está limitado en sus habilidades y la dependencia en su madre para sobrevivir. La euforia y alegrías previas de ser capaz de ejercitar y explorar su poder sin temor se desvanece con la realización de que su madre puede decidir no hacer lo que el niño desea (mamá puede decidir no salvarte de caer) (11)

A los 14 meses de edad

Esta ansiedad y temor que proviene de la realización de vulnerabilidad del niño, lo conduce a tratar y hacer su mundo más seguro, intentando hacer valer sus deseos sobre todo. El niño insiste en los padres compartan todo, que validen sus descubrimientos, obedezcan sus demandas y participen de todos sus actos. El niño se convierte en un "tirano" intentando que los padres le den lo que necesita y quiere (12) y eso es un control total. Porque el niño ahora ha cambiado en imponer sus deseos sobre los de otros, pero todavía no ha descubierto que los demás tienen deseos propios y fuerza de voluntad; a ese segundo estado se le llama omnipotencia (13)

Comienzo del estado omnipotente

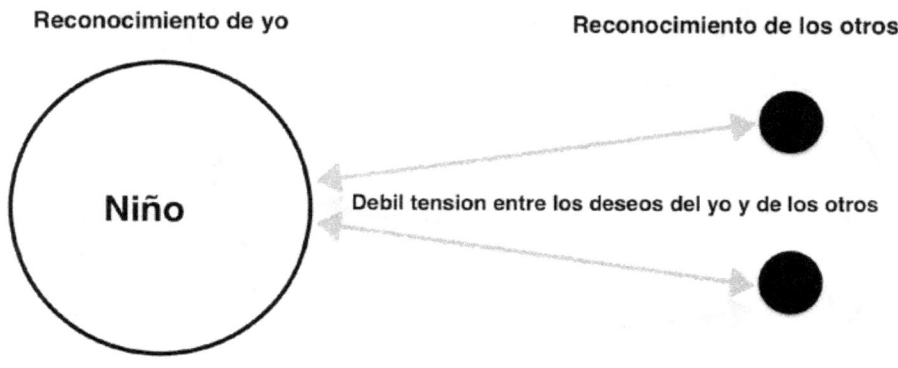

Cuando el niño se encuentra en el estado omnipotente está en conflicto. Comúnmente conocidos como "los terribles dos", es la batalla donde el niño intenta de todas formas imponer sus deseos a los de sus padres y la habilidad de los padres de establecer límites y fronteras (como cuando por ejemplo, yo desafiaba a mi padre y continuaba poniendo los dedos en el enchufe eléctrico, estaba ejercitando mi poder desde la identidad omnipotente). Casi todos los problemas que observo en los niños con los que trabajo, derivan de situaciones generadas en el estado de omnipotencia.

Sin embargo, si los padres tienen éxito en establecer límites firmes y reforzar su propia voluntad durante este estado, el niño dejará la omnipotencia y cambiará al estado de interdependencia que empieza alrededor de los 3 años de edad (14,15)

La omnipotencia se comienza a desvanecer y la autorregulación se refuerza

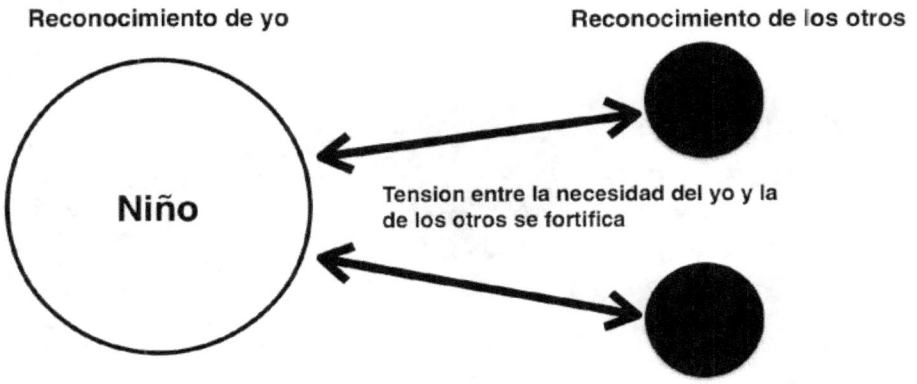

Reconocimiento de yo

Reconocimiento de los otros

Niño

Tension entre la necesidad del yo y la de los otros se fortifica

El tercer estado se llama interdependencia porque el niño entiende que es independiente de los demás pero a la vez dependiente del medio. En este estado comprende que los demás, al igual que a él mismo, poseen poder y deseos y ha desarrollado la habilidad de regular sus emociones y deseos en forma balanceada a las emociones, necesidades y elecciones de otros.

La clave de una sana transición hacia la interdependencia es preservar en el niño el sentido de reconocimiento mientras lo introducimos al reconocimiento de los demás. Ese estado se llama *"reconocimiento mutuo"* (16) y es la base de un sano funcionamiento psicológico.

Los niños deben cambiar de unidad a omnipotencia alrededor de los 14 meses y del estado de omnipotencia a interdependencia a los 3 años de edad. Siempre quedan rastros de la identidad en estos estados a lo largo de toda la vida. Es la fuerza y el dominio de las diferentes identidades lo que determinará como el niño se ve y ve a su entorno, sus habilidades de autorregulación, su capacidad para la intimidad y su comportamiento en cualquier momento dado.

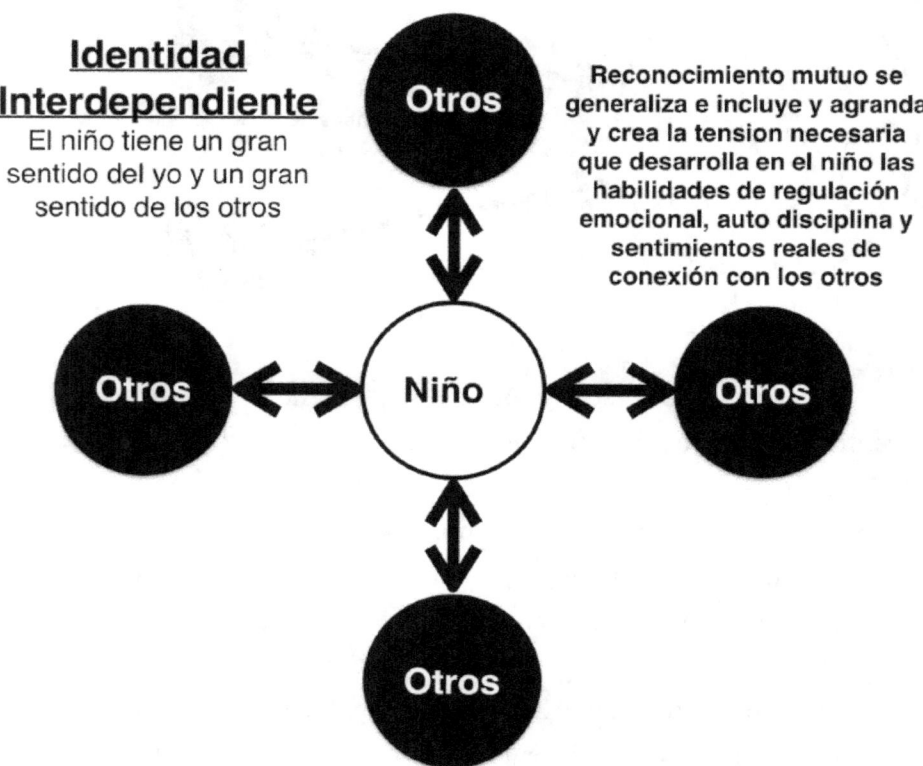

Identidad Interdependiente
El niño tiene un gran sentido del yo y un gran sentido de los otros

Reconocimiento mutuo se generaliza e incluye y agranda y crea la tension necesaria que desarrolla en el niño las habilidades de regulación emocional, auto disciplina y sentimientos reales de conexión con los otros

El cambio evolutivo

Por razón de factores que comentaré a continuación, muchos de los niños de este país no hacen el tránsito de identidad interdependiente a tiempo y completamente, como lo hacían los niños en el pasado. Por consecuencia la dominante auto-identidad del niño se mantiene omnipotente pasados los 3 años y poseen escasas habilidades de autocontrol, regulación emocional y reconocimiento de los demás. Entender como un niño con una poderosa identidad omnipotente ve y reacciona al mundo, es la clave para reconocer como la mayoría de estos desórdenes psicológicos que sufren los niños son resultados del cambio en su desarrollo. Entender el estado de omnipotencia es también la clave para construir estrategias efectivas y corregir estos desórdenes.

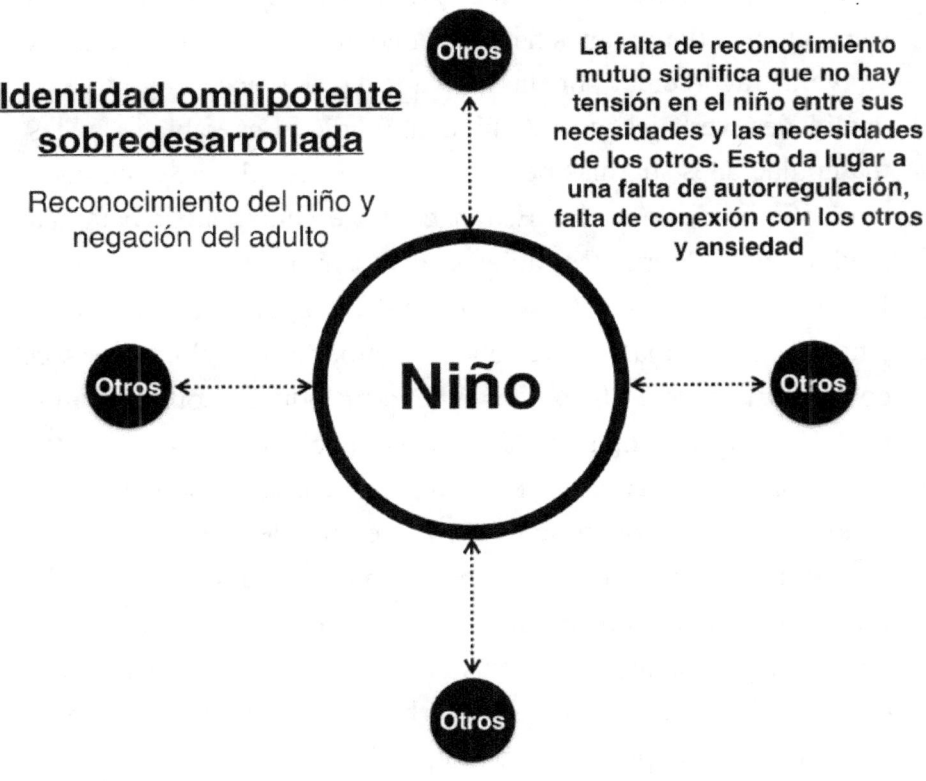

Identidad omnipotente sobredesarrollada

Reconocimiento del niño y negación del adulto

La falta de reconocimiento mutuo significa que no hay tensión en el niño entre sus necesidades y las necesidades de los otros. Esto da lugar a una falta de autorregulación, falta de conexión con los otros y ansiedad

Otros

Niño

Otros

Otros

Otros

La omnipotencia agranda los problemas de conducta

Cuanto más tiempo el niño permanezca en el estado de omnipotencia después de los 3 años, mayor será su posibilidad de desarrollar patrones de interacción y conducta que pueden ser diagnosticados como desórdenes disciplinarios. A medida que desarrolla estos patrones, el sentido de omnipotencia se fortalece, lo mismo que su comportamiento. Cuando el niño entra a la adolescencia y más fuerte sea su identidad de omnipotencia, mayor será la susceptibilidad a otras dificultades sicológicas como depresión, adicción y narcisismo.

Si las características del estado de identidad de omnipotencia se mantienen dominantes hacia la edad de 3, 4 y 5 años, también se verá favorecida por la nueva fuerza física, cognitiva y cualidades verbales que el niño aprendió. Las rabietas y las manipulaciones son más poderosos y más complejos, y por ende más difíciles de controlar. Esto hace que el niño gane la batalla a medida que refuerza las rabietas y su sentido de omnipotencia. Los niños de 5, 6 o 7 años de edad poseen habilidades de lenguaje, intelectuales y de conocimiento, pero en el interior son como un niño de 2 años. Y es mucho más difícil controlar a un niño de 2 que exhiba conductas y emociones aparentemente desordenadas o anormales. Estos evidentes desórdenes de conducta se desarrollan de manera diferente dependiendo de las características individuales y de su medio ambiente. Cuando este comportamiento es moderado, sólo vemos niños mal portados, pero cuando son más acentuados son diagnosticados como bipolares, autistas, perturbados, desafiantes u otro desorden neurológico. Cuando estos niños están a mi cargo, ya han sido diagnosticados pero sus padres o maestros tienen la duda de si verdaderamente ellos son los que los médicos indican.

En mi trabajo recibo dos tipos de llamados. El primero, el de un padre o maestro que ya no sabe qué hacer con el comportamiento en escalada del niño (como en el caso de Madison). El segundo llamado es de padres desesperados porque los maestros le han informado que algo está mal en su niño y que deben ser medicados. Recibí un llamado como este último de parte de los padres de Ethan, un niño que acababa de cumplir los 4 años.

Ethan estaba en el jardín de infantes cuando su comportamiento iba desmejorando gradualmente. Siempre estaba forcejeando y peleando con los otros niños. Se enfadaba si no era el centro de atención y molestaba al que le quitaba ese centro. Quería ser siempre el primero en la fila y en las carreras y tiraba del pelo y empujaba al que estuviera delante de él. Su madre, tristemente veía como los otros niños no querían jugar con Ethan.

Pero observándolo, vi a un niño de fuerte voluntad muy parecido a mi cuando tenía su edad. La diferencia era que su comportamiento y agresividad eran alimentados por una identidad omnipotente que continuaba siendo dominante y poderosa. Sus padres y maestros no habían conseguido poner freno a su conducta inapropiada y en lugar de establecer límites que parasen su dominio con los que lo rodeaban; le daban lo que quería y de esa manera el niño fortalecía su sensación de poder e importancia, más que el de otros (omnipotencia).

Si un niño de 4 años ha mantenido con eficacia su poder de dominio con rabietas y manipulaciones, también sentirá que a cualquier costo deberá controlar el mundo que está recién descubriendo. El sentido de miedo y desolación que sienta creará una ansiedad tal que conducirá al niño a querer reafirmar su poder y deseos. Esta manera más que una decisión lógica, es emocional. Niños con identidad omnipotente instintivamente romperán fronteras e intentarán lograr el control de los adultos en su entorno y todo esto hasta que pasen a una auto-identidad dominada por el sentido de la interdependencia.

Los límites e interacciones que prometen la transición del niño al estado de interdependencia, es llamado *"sistema de interacción"*. Cuando la identidad omnipotente es fuerte, el sistema de interacción es débil. La poderosa omnipotencia no podrá ser controlada y continuará siendo la auto-identidad primaria del niño ya muy entrada en la edad escolar. Los niños solo necesitan un exceso de omnipotencia para querer dominar al mundo, siendo competitivos, voluntariosos y agresivos, y como consecuencia muchos de estos niños tienen un conocimiento medio avanzado de lenguaje y habilidades pero continúan ejerciendo la autorregulación de un niño de 2 años. Mientras sus habilidades para la comunicación se desarrollan, en la parte emocional estancan su omnipotencia. El incremento en los desórdenes emocionales en los niños, como la depresión y el narcisismo en los adolescentes y la dificultad de los adultos de imponer reglas, todo esto, puede ser entendido como funciones de la omnipotencia.

El entendimiento de los problemas que acarrea una identidad llamada omnipotente, provee soluciones para revertir ese estado y criar una nueva generación de niños alegres, sanos emocionalmente y más fuertes para enfrentar el futuro. Ya hemos dado los primeros pasos para criar leones, ahora sigue el paso de criar su auto disciplina, auto control y una fuerte conexión con los otros.

Notes

1. Benedict Carey, "El desorden bipolar se eleva como diagnosis para los jóvenes" The New York Times, Setiembre 4, 2007

2. Hara Estroff Marano, "Una nación de débiles" (New York: Díadoble Broadway, 2008) 3.

3. Jessica Benjamin, Los lazos de amor,(New York, Pantheon Books, 1988), 9

4. Entre los teóricos intersubjetivos como Jessica Benjamin, lo que yo llamo "poder" se refiere a menudo como "agencia" o "afirmación" y lo que llamo "conexión" se refiere a "reconocimiento" o "intimidad".

5. Jean M. Twenge, Generación del Yo (New York: Prensa Libre, 2006), 24.

6. Ibídem

7. Ibídem

8. Los tres estados de Unidad, Omnipotencia e Interdependencia es un modelo que desarrollé sobre la base de las ideas y los marcos de la teoría psicoanalítica-intersubjetiva. El modelo se enfoca sobre la percepción que tiene el niño en relación a otros, particularmente la madre como cuidadora primaria, y cómo esto influye en el comportamiento, la autorregulación, la motivación e intimidad.

9. Lo que se denomina "unidad" en mi modelo es a menudo dividida en varias sub-fases en otros modelos en desarrollo. Lo que estas teorías de desarrollo generalmente desarrollan es en que entre los 12 y 16 meses de edad, el niño despierta a su separación, vulnerabilidad y dependencia y entra en un estado de conflicto con el padre o madre caracterizado por una aserción de su poder e independencia. Esto es comúnmente conocido como "crisis de acercamiento"

10. Benjamin, Los lazos de amor, 34

11. Ibídem, 34

12. Ibídem, 35

13. El término "omnipotente" es usado por Jessica Benjamin como la definición característica del niño en la crisis de acercamiento en su "Los lazos de amor", page 34.

14. El término "interdependencia" se refiere a cuando el niño hizo el tránsito dentro de los principios de mutuo reconocimiento. En esta identidad, el niño ha, en palabras de Jessica Benjamin, empezado "a llegar a un acuerdo con la dificultad que su propia libertad depende de la libertad de otros, eses reconocimiento de independencia debe ser mutuo. Este es un estado de "constante tensión" entre las necesidades y reconocimiento de sí mismo y las necesidades y reconocimiento de otros" (Los Lazos de amor, 36)

15. Yo marco la transición dentro de la interdependencia sobre la edad de tres, porque esta es la edad en que los teóricos del desarrollo infantil marcan como el final de la fase de acercamiento. La fase de acercamiento corresponde a la fase omnipotente en mi modelo.

16. Benjamin, Los lazos de amor, 16.

CAPITULO 2

EL CACHORRO DE LEÓN

Hace poco estuve haciendo una consulta en la casa familiar de un niño de 5 años, y tuve la oportunidad de presenciar la interacción familiar con el hijo más pequeño, Jacob.

Jacob tiene 2 años y es muy alegre pero necesita atención constante. Los padres toman turnos para que se sienta cómodo y para darle todo lo que quiere. Observé como Jacob investigaba un plato con aceitunas y su padre le ponía una en la boca; es claro que al niño no le gustó nada y se la escupe en el cuerpo. Ahora el niño decidió que las aceitunas tienen que volar. Entonces escala sobre la mesa y toma el plato de aceitunas dispuesto a tirarlas, hasta que el padre ataja el plato antes que caiga al piso y le pregunta, "¿Qué quieres hacer?"

El niño ignora a su padre e intenta recuperar el plato de sus manos. El papá le dice calmado, "No gracias, nosotros no tiramos aceitunas". Pero el niño esta impertérrito y repite, "No papá, no papá" mientras forcejea para sacar los dedos de su padre del plato. Durante los próximos 10 minutos Jacob intenta una y otra vez tirar el plato de aceitunas antes que su padre pueda detenerlo.

Sus papás le explican que eso no se hace y prueban distraerlo con otras cosas; pero en ningún momento le dicen la palabra "no" o le dan alguna penitencia por no obedecer e ignorarlos. Hasta ese momento tenía yo la impresión de que si el padre tuviera la habilidad de atajar todas la aceitunas volando en todas direcciones, le hubiese dado el gusto al niño de tirar el plato.

Unos minutos más tarde Jacob decide jugar al tambor con su perro golpeándolo en el lomo con las manos, por suerte el perro continúa de buen humor y lo ignora. "No es correcto usar al perro de tambor hijo" exclama su padre y le pregunta, "¿No quieres jugar con tu propio tambor?" para luego traerlo y dárselo.

El niño ignora el tambor para más tarde decidir jugar a tirar de la cola del perro. Entonces dice el padre con calma y repetidas veces, "No gracias, nosotros no le tiramos de la cola al perro". Interviene la madre y le dice, "Quiero que le pidas perdón al perro" en varias ocasiones hasta que finalmente el niño se cansa y obedece.

Antes de terminar mi visita la madre me pregunta si me gustaría escuchar a Jacob tocando su piano. Me quedo por 5 minutos mientras el pequeño golpea alegremente su pequeño piano. Para mí era aparente que la madre lo que quería es que alguien alentara fascinado al niño por el tiempo que él se le ocurra.

Y les comparto esta anécdota porque es un caso muy común de lo que parece mala crianza, pero que es un ejemplo de la crianza que algunos creen es ejemplar y que es la semilla del cambio que alimenta la *Omnipotencia*

Las acciones de los niños acarrean preguntas

Un niño de dos años de edad intenta saber cuánto es el poder que tiene y quién es el que cuenta con este poder también. Sus acciones acarrean las preguntas: "¿"Yo tengo poder, cierto?" "¿Tú tienes poder también?" "¿Tu eres como yo?" "¿Qué ocurre cuando hago algo malo?" "¿Puedo tener todo lo que quiero?" "¿Quién está a cargo?" "¿Quién es más importante?"

En el ejemplo anterior (Jacob), el niño aprendió lo que él considera las reglas de la casa, y estas son: ""Puedo hacer todo lo que quiero. A veces mamá y papá me detienen, pero puedo continuar intentando. Cuando hago algo que ellos no quieren que haga, mamá y papá me traen nuevas cosas. Ellos no son como yo. Ellos están aquí para servirme. Cuando lloro me dan cosas para que se me pase. Siempre están preguntándome qué es lo que quiero y me traen todo lo que les pido. Yo controlo lo que sucede y soy la persona más importante en la casa." Y por otro lado, estas son las reglas que el niño no aprende:

"No tires aceitunas" "No juegues con el perro como si fuera un tambor" "Es importante escuchar a mamá y papá" "No puedo tener todo lo que quiero" "Hay cosas que puedo hacer y otras que no" "Mamá y papá tienen poder al igual que yo de las cosas que quieren" "Todos en la casa somos importantes" "Mamá y papá están en control de lo que ocurre en la casa"

Tengo la sensación de que mis clientes, los padres de Jacob, intentan crear un medio ambiente para su hijo como si fuera una gran habitación, donde él puede hacer lo que quiere y donde estará fuera de peligro. Están dispuestos a darle todo lo que el niño desea inmediatamente. Mientras que esta situación puede ser muy estimulante le falta uno de los elementos de más necesidad, que es la interacción del niño con el deseo del otro. Para que el niño desarrolle la conexión, es necesario que se enfrente a los deseos de los demás. Debe existir el conflicto.

"Los diamantes no pueden ser pulidos sin fricción. Ningún hombre se perfecciona sin desafíos" (Confucio)

Los padres de Jacob lo crían para ser un león (seguro, confidente y poderoso) pero ellos se comportan como corderos.

¿Dónde termina el "Yo" y comienza el "Otro"?

Cuando un niño tiene 2 años de edad, intenta establecer dónde el "Yo" y el "Otro" comienzan y terminan. Él sabe que tiene poder, pero no sabe si los otros (especialmente sus padres) tienen el mismo poder que él. Cuando Jacob toma las aceitunas para arrojarlas, está diciendo, "Soy independiente y tengo poder, cierto?" "¿Soy yo el único que hace lo que quiere?"

En esta situación el niño está pidiendo que alguien se le oponga para afirmar su independencia. Intenta emerger desde el vientre del yo a la identidad de interdependencia. Sus padres en lugar de oponerse, lo complacen y empujan sin querer nuevamente hacia el yo.

Mientras observo a Jacob manejar a sus padres no puedo más que admirar su tenacidad. Pero también sé que Jacob se encuentra en el medio de redefinir su relación con sus padres y con el mundo. Para que Jacob pueda abandonar el estado de omnipotencia y dirigirse hacia el estado de interdependencia, necesitará encontrarse con un deseo más fuerte que el de él. Mientras requiere oponerse a las fronteras que se le imponen para poder establecer su independencia, también necesita que sus padres ganen estas necesidades para que su mundo se sienta seguro y en control. El niño necesita experimentar la frustración que significa no conseguir todo lo que quiere para desarrollar los músculos emocionales y psicológicos necesarios que crearán una autorregulación y una autodisciplina.

Hay un sentido muy claro en los hogares modernos americanos de que los niños en todo momento deben ser complacidos, mientras que las luchas y las decepciones deben ser evitadas a toda costa. Pero la verdad es que o aceptamos estas luchas y decepciones ahora o los preparamos para mayores luchas y decepciones en el futuro. Es como usar una tarjeta de crédito en vez de efectivo. Eventualmente se darán cuenta que no son los únicos con poder e inevitablemente descubrirán que todos tienen poder y deseos. Verán que los deseos de los demás se encuentran en conflicto con los del yo.

Es por eso que cuando esté criando a su niño, siempre debe "pagar en efectivo" Cuanto antes el niño se enfrente con las dificultades, frustraciones y consecuencias, más rápido desarrollará los músculos emocionales necesarios para enfrentarse con la vida. Cada vez que el niño se encuentra con límites naturales o frustraciones, es una oportunidad para enseñarle, de manera compasiva, una lección importante, y no algo que los padres resuelvan por él. Cuando protegemos a nuestros niños de las consecuencias de su propio comportamiento, estamos poniendo esta lucha en tarjeta de crédito para reemplazarla por placer en el momento. Su hijo pagará por esta decisión en el futuro, y con intereses.

La crisis de paternidad

Los psicólogos llaman "Crisis de acercamiento" al estado en donde el niño hace el tránsito, con dificultad, desde la omnipotencia a la interdependencia (acercamiento significa en francés, regresar de una nueva manera) Este periodo se caracteriza por el siguiente patrón: el niño tiene una rabieta, sus padres ponen límites y consecuencias, el niño se aleja de sus padres en desafío a estos límites y consecuencias, y luego se calma y regresa a los brazos de sus padres. Cada vez que este patrón se repite, la relación entre el niño y los padres cambia, el niño solidifica sus habilidades de autorregulación y se mueve del estado de omnipotencia hacia el estado de interdependencia.

En este estado no solamente el niño se encuentra en crisis, sino que sus padres también están en crisis. Durante este periodo los padres deberán, al mismo tiempo, hacer un gran cambio en su identidad.

Durante el primer año de vida, la madre lo es todo para el niño. Ella es la protectora y quien lo cría. Ella es la responsable de responder a todas las necesidades del niño y de remover toda frustración e incomodidad.

Cuando el niño comienza con la crisis de acercamiento, la madre debe cambiar su rol como educador. Debe comenzar con la transición de ser quien provee todo lo necesario para el niño, a dirigir las frustraciones y necesidades del niño por sí mismo. Los padres deben transitar desde el lugar egocéntrico de proveer todo y resolver todos los problemas, a ejercitar la auto-disciplina y restricciones que permitirán al niño aprender a superar las frustraciones y dificultades por sí mismo y ser más independiente. Es cierto que es difícil para una madre observar al niño luchar y que existirá un fuerte deseo (instinto maternal) de remover toda frustración, decepciones y dolor. Pero es importante que la madre se resista a este instinto para que su niño desarrolle las herramientas emocionales necesarias para moverse y hacer el tránsito al estado de interdependencia.

Adicionalmente, los padres no deben sucumbir al rechazo emocional ni al desdén que ocurre como parte natural de la crisis de acercamiento.

En su libro "Los lazos del amor" Jessica Benjamin habla acerca de la lucha de la madre durante la crisis de acercamiento:

"Lo que la madre siente durante esta crisis de acercamiento y cómo se enfrenta con ello, será condicionado por su habilidad de lidiar directamente con la agresión, la dependencia, su propia identidad como autoridad, fuera del yo, y la confianza que tenga en su niño para sobrevivir a los conflictos"

Las expectativas y presiones de hoy día no ayudan a esta crisis de parentesco. Por el contrario, la hacen más difícil. Las madres de hoy deben proporcionar opciones y solicitar las opiniones de su niño acerca de todo. Deben proveer continuo estímulo, educación y entretenimiento. Asegurarse que el niño constantemente es aceptado y mantenerlos sanos y salvos con los últimos y más sofisticados productos del mercado. Hay tanto que los padres deben comprender y considerar hoy día, que es obvio que ellos mismos se olvidan de su derecho a una vida independiente. En todos lados la sociedad pone presión sobre los padres con el siguiente mensaje: "Olvídese de sus propias necesidades. Si realmente ama a sus hijos, debe sacrificar todo para poder brindarle a su niño lo mejor de lo mejor" Pero recuerde que esta sociedad de consumo no está impulsada por el deseo de una sana psicología del niño, sino que por un mercado que crece cuanto más consumimos.

Las dos manos

Cuando el niño afirma fuertemente su deseo frente al de sus padres, podemos imaginar esto como sus manos empujando hacia adelante. El propósito de las manos empujando hacia adelante es doble. Primero, la mano empuja hacia adelante para ejercitar y confirmar el deseo y el poder independiente del niño. Segundo, la mano empuja hacia adelante como consecuencia de la ansiedad de este nuevo sentido de separación y vulnerabilidad. Empuja hacia adelante buscando a alguien. La mano empujando hacia adelante dice: "Estoy aquí y tengo poder" y "¿Hay alguien más aquí?" Porque los niños de hoy son jóvenes leones, sus "manos" empujan hacia adelante con más frecuencia y mayor ferocidad.

La respuesta autoritaria a toda afirmación de voluntad del niño es reaccionar duramente. El niño intenta tomar otra galleta luego que su padre le ha dicho que no más: "¡Dije que no! ¡Cuántas veces más tendré que decirlo!" y luego el padre arroja la galleta a la basura. Una respuesta autoritaria utiliza el miedo, la penitencia, la vergüenza o el juzgamiento. La mano que empuja hacia arriba es forcejeada por la mano autoritaria del padre. La respuesta autoritaria le dice al niño: "Yo (el padre) estoy aquí y soy el único con poder". Como consecuencia de esto, el sentido de poder del niño se daña. La conexión se establece, pero, es disfuncional porque simultáneamente niega la identidad del niño. Los padres autoritarios se convierten en omnipotentes a ojos del niño, el adulto tiene todo el poder, y el niño nada. Este tipo de crianza fue muy popular hace 40 años o más.

Hoy, una aproximación más permisiva es más común y la respuesta de los padres a la afirmación de la voluntad del niño, es proveer más entendimiento y raciocinio. Muchas veces se manifiesta haciéndolos entender que esta conducta no es aceptada o negociar con el niño. Por ejemplo, el niño toma la galleta luego que sus padres le han dicho que no y su padre le dice, "Veo que realmente quieres una galleta, por esta vez puedes comerla, pero la próxima vez que quieras una galleta debes pedirme permiso antes de tomarla, ¿estamos de acuerdo?" , luego el padre le deja comer la galleta.

En este caso, "la mano que empuja hacia adelante" nunca se encuentra con la mano del padre forcejeando. En su lugar, la mano del padre ha cedido y retrocedido de la mano del niño. Pero, también esta experiencia permisiva el niño la reconoce como abandono. La mano que se aleja le dice al niño "Tú estás aquí, y tienes poder, pero no hay nadie más aquí, estás solo" El efecto es que su sentido de omnipotencia se agranda. La capacidad de intimar no se desarrolla, debido a que el padre se borró a sí mismo como una persona real por no tener poder ni deseo frente a los ojos del niño. Por consecuencia el niño se encuentra solo frente a su poder. Irónicamente, el poder que el niño siente frente a esta interacción permisiva es sólo fugaz. Lo que el niño de padres permisivos desea es el reconocimiento del otro que él mismo reconoce como igual. Esto es algo que, si el padre se permite ser negado a sí mismo, no podrá dar.

Te presento la mano

De estos ejemplos podemos ver que un estilo de crianza ideal desarrollará en el niño la capacidad de poder y conexión, y pondrá firmes límites y reglas mientras reafirma el poder y la independencia del niño. Por ejemplo, imagine la mano del niño que empujando hacia adelante se encuentra a medio camino con la mano de su padre. Ambas manos presionan firmemente, entonces el poder del niño se desarrollará en un balance sano de conocimiento y conexión con el otro.

En el ejemplo del niño que toma la galleta después que le han dicho que no; si el padre le reclama haber tomado la galleta sin permiso, ignorando sus órdenes; y lo castiga en un rincón por unos minutos, con seguridad el niño se pondrá a llorar y es cuando se le debe decir: "Las penitencias no son agradables. Dime cuando hayas parado de llorar para poder comenzar con la penitencia"

Es necesario que el niño pare de llorar para comenzar con la penitencia, porque lo que deseamos es que el niño practique el autocontrol. Si el niño comienza a llorar durante la penitencia, puede ser que el padre se vea tentado a calmarlo, hablándole o haciéndole mimos. Esto aleja la oportunidad del niño de auto regularse y dejar que los padres dirijan esta regulación, y crea una consecuencia positiva contradictoria a la consecuencia negativa de la penitencia. Si el padre o la madre lo consuelan reforzarán la actitud que queremos hacer desaparecer. Entendamos que la acción de tomar la galleta puede ser o desafío, o deficiencia de autocontrol, o ambas. En cualquiera de los casos el padre debe crear una necesidad y una consecuencia que ejercite el autocontrol del niño (parar de llorar y sentarse callado por dos minutos) antes de retomar las actividades del día.

El lenguaje, "Veo que decidiste....." o "Dime cuando hayas terminado" posee un significado de afirmación en la independencia del niño y el poder a elegir. No existe moralidad ni juzgamiento en su decisión. Es el adulto quien impone las reglas firmes, mientras continúa en el rol de maestro compasivo.

Esta es la diferencia entre portarse mal y recibir castigo y la elección de una causa y recibir su efecto. Estamos enseñándole al niño exactamente eso: "Si, tú tienes poder y es correcto que lo uses" pero... de todas maneras, algunas acciones reciben reacciones las cuales no serán de tu agrado". La forma metafórica de la mano que se encuentra con la mano firme del adulto y que responde a la "Yo estoy acá y tengo poder, ¿quién más está acá?" es la siguiente, "Si, tú estas acá y tienes poder, yo también estoy y también tengo poder". El deseo del niño debe encontrarse con un deseo externo aún más fuerte si se quiere que él desarrolle una sana habilidad de respetar e interactuar con los demás. Pero el firme deseo del padre debe afirmar y no juzgar la interdependencia del niño si este va a desarrollar un sano sentido de sí mismo.

Junto con establecer límites, esta técnica de "encontrar la mano" alienta al niño a ofrecer opiniones, expresar que le gusta y disgusta, y argumentar por lo que desea, siempre y cuando sea de una manera respetuosa. Si no se hace de manera respetuosa, entonces el niño cobrará las consecuencias.

Faith necesita una siesta

Estaba de visita en casa de una amiga que tiene una niña de dos años y medio llamada Faith. Nos pasamos gran parte de la tarde escuchando música con ella. Mientras charlábamos escuchamos música Gospel que es su disco preferido. A pedido de ella escuchamos el mismo disco 3 o 4 veces seguidas y estábamos listos para cambiar de música. Mi amiga le dijo a su hija que íbamos a poner algo diferente para escuchar. En el momento que la música comenzó a sonar la niña empezó a gritar por su música favorita. Mi amiga intentó convencerla que era necesario cambiar de música. Intentó decirle a Faith que volveríamos a su música luego de escuchar algo diferente. También intentó convencerla que parase de gritar. Todo esfuerzo fue en vano, los gritos de Faith se elevaron en volumen y persistencia. Luego de 5 minutos mi amiga me preguntó si quería hacer algún intento. "Solo sigue mi idea", le contesté.

Me acerqué a Faith y le dije, "Creo que es hora de que tomes una siesta". La niña gritaba más fuerte. Tomándola de la mano dije, "está bien Faith, veo que estas de rabieta y cuando las niñas están de rabieta significa que necesitan una siesta".

Ahora gritaba "¡no quiero una siesta! ¡no quiero una siesta!, ¡mamá no quiero una siesta! la madre respondió, "Creo que Joe tiene razón, necesitas una siesta".

Tomándola de la mano y llevándola hacia su habitación le dije, "Faith, a veces las niñas tienen rabietas, no hay problema, pero cuando las niñas tienen rabietas también tienen que tomar una siesta".

Este ida y vuelta entre "no siesta" y "rabietas significa siesta" duró un rato largo mientras yo continuaba llevándola de la mano hacia su habitación. Entonces Faith dijo, "¡no tengo una rabieta!" Con voz calmada y mirándola de costado le dije "Así ¿que no estás de rabieta?" si estás tirándome del brazo, gritando y llorando, veo que si estas de rabieta". Faith, ganando control de sí misma, respondió en voz un poco más calmada, "no estoy de rabieta, no siesta". Yo contesté, "Veo que ya no gritas y estas bastante más calmada, es verdad, no estás de rabieta y no necesitas una siesta".

-"No necesito una siesta"-

La miré y le respondí, "¿Entiendes que no vamos a escuchar la música que tú quieres sino hasta después de escuchar la que nosotros queremos primero?" Faith contestó, "Si"

Faith se quedó con nosotros el resto de la tarde sin rabietas y sin siesta. Luego, mientras fuera respetuosa podía pedir que toquemos su música después de escuchar la de nosotros. Dos horas más tarde y de forma respetuosa y luego de habernos pedido por segunda vez, decidimos volver a tocar su música preferida, en parte porque queríamos fomentar sus deseos expresados de forma respetuosa.

La Acción: el primer maestro del niño

Los leones entienden la acción. Cuando mi amiga intentó razonar con su hija Faith no llegó a ningún lado. Razonar es correcto, siempre y cuando este junto a la acción. Razonar con el niño sin una acción firme solamente desarrolla su capacidad de manipulación.

El ejemplo anterior con Faith desarrolla ambos, el poder y la conexión. El poder se desarrolla cuando el límite se establece utilizando el lenguaje de causa y efecto, que destaca las opciones y las consecuencias de estas acciones. Adicionalmente, su poder se desarrolló dos horas después de la rabieta cuando pidió con respeto sus deseos y consiguió lo que quería. La conexión se desarrolló porque su deseo se enfrentó con el deseo inamovible de los adultos que, aunque muy firmes, nunca se enojaron ni hicieron juicio a sus deseos. Solamente enfrentándose al deseo de otra persona es cuando el niño desarrolla la idea que la existencia del otro es igual de importante a la existencia del yo. Finalmente, permitiendo que Faith elija entre la rabieta y la siesta o por medio del autocontrol quedarse con los adultos, ella encontró motivación para ejercitar la regulación emocional y desarrollar las habilidades de autocontrol.

El método de la mano desarrolla el reconocimiento mutuo. Los niños no nacen entendiendo lo que significa el reconocimiento mutuo. En cambio, es responsabilidad de los padres y los maestros de marcar límites y dirigir a sus hijos durante el desarrollo de esta habilidad.

A lo largo de este libro, este método de "encontrar la mano" y la meta de desarrollar el reconocimiento mutuo será central. Cuando los niños son mayores y sus problemas de conducta más severos, la técnicas utilizadas para "encontrar la mano" serán más sofisticadas, pero sus principio básicos son los mismos.

¿Cuántas penitencias?

Hay una razón fundada por la cual los padres dicen entre sí que ya no existen los "terribles dos" sino que los "los terribles tres, cuatros y cincos". Las crisis de acercamiento son duraderas porque la identidad omnipotente de nuestros niños es más grande, fuerte y más sofisticada. Tarda más tiempo sojuzgar esta identidad y permitir la transición hacia la interdependencia.

Muchas veces veo padres de niños de dos, tres y cuatro años de edad que están haciendo un trabajo excelente poniendo límites a sus hijos, pero me preguntan: "¿Tiene que ser tan difícil?" Tienen hijos que son inteligentes, independientes y con muy buen físico. Estos niños serían muy difíciles de criar en cualquier generación. Pero combinemos estas características naturales con la educación que les otorga todo el poder y terminaremos teniendo niños con una fuerte y sofisticada identidad omnipotente. Esto significa que el deseo de estos niños desafiará los límites con más fuerza y sofisticación que ninguna generación anterior. Esto es solo natural que ocurra.

Los padres deben estar preparados para rabietas más intensas y sofisticadas. Los problemas ocurren cuando tanto los padres como los maestros ven estas rabietas como algo no natural o como síntoma de algún trastorno neuronal o problema.

Recientemente estuve trabajando con los padres de Josh de tres años de edad. Josh es muy grande para su edad y muchas veces lo confunden con un niño de cinco años. Su coordinación es tan buena que es un excelente nadador y disfruta de correr carreras con sus vecinos en la piscina.

Sus padres utilizan cortas penitencias cuando Josh es muy agresivo con sus amigos, o cuando se porta mal o desobedece. Esto es bastante efectivo, pero sus padres estaban alarmados por la cantidad de penitencias que le daban y por su comportamiento en el jardín. La mayoría de los días Josh sólo necesitaba cuatro o cinco penitencias, pero otros las penitencias sumaban más de veinte o treinta.

Un día su madre se golpeó el dedo del pie con un mueble y largó una mala palabra en presencia de Josh. Al próximo día, cada dos minutos Josh largaba esa mala palabra" y su madre lo ponía en penitencia por un minuto y le repetía que esas no eran palabras para ser utilizadas. Me contó que llegó a darle treinta penitencias. Al final del día Josh ya no repetía la palabra y no lo hizo nunca más desde entonces.

Josh comenzó en el jardín de infantes unos meses antes de cumplir los tres años. Era un jardín con chicos mezclados entre tres y cinco años de edad. Josh era el menor de todos. Mientras que el horario era desde las 9am hasta las 2pm, la mayoría de veces Josh tenía que ser buscado alrededor del mediodía. .La directora observó que en el último tiempo Josh estaba más agresivo con sus compañeros. Sus padres estaban preocupados y solicitaron mi opinión.

Con una observación más precisa me di cuenta que en el jardín había una forma diferente de marcar los límites que en su casa. La escuela no creía en tener que decirles que no a los niños y mucho menos en las penitencias. A diferencia, si Josh empujaba a otro niño o era desobediente, los maestros muy cordialmente le decían: "En la escuela no se hace eso", y si le quitaba el juguete a otro alumno, los maestros simplemente le decían, "Josh, en el jardín no se empuja a los niños, voy a encontrar otro juguete para ti" Y a continuación le mostraban otros juguetes para que elija.

Entonces, mientras que sus padres utilizaban el método de "encuentra la mano" , en la escuela usaban el método de "evitar la mano"

Josh naturalmente está probando los límites e intentando comprender como funciona la escuela. Desde su perspectiva lo que ve es lo siguiente: "Cuando empujo a otro niño en la escuela, viene un adulto y me muestra otras nuevas cosas" Los maestros en el jardín no le dicen que si continúa empujando a otros niños va a tener que irse a casa. Para cuando la madre responde el llamado del director y llega, ya han pasado al menos 30 minutos o más y Josh no se ha comportado tan mal en ese tiempo, entonces mandarlo a la casa por algo que ocurrió hace media hora no tiene sentido para él.

El desafío de los límites es natural y sano y ocurre por varias razones. Los niños afirman y ejercitan el poder o la omnipotencia porque consiguen lo que quieren, y porque es la única forma que saben conectarse. Solamente empujando contra otros, de manera metafórica y real, el niño aprende dónde termina él y los demás comienzan. Los niños desean comprender y percibir a los demás. Cuando se encuentran experimentando su propio poder y sentido de omnipotencia, ¿qué mejor que desafiar el poder de los demás? Empujan la mano hacia adelante porque desean encontrar la mano del otro. Podrán pelear, pero sólo para sentir el firme deseo de los demás en contra del suyo. Durante la crisis de acercamiento el conflicto se convierte en el lugar donde el niño aprende acerca de los demás. El conflicto es la oportunidad para establecer las cualidades de intimar, conectarse y autorregulación.

Diez meses más tarde recibí otra llamada de los padres de Josh. La directora había aconsejado una evaluación por un posible desorden de conducta. La agresión física hacia los otros niños y el desafío a los maestros se había incrementado a lo largo del tiempo.

Cuando fui a la escuela vi que cuando Josh o cualquier otro niño se portaba mal, los maestros les explicaban con palabras qué era lo que estaba bien y que era lo que no se hace, pero establecían muy pocas consecuencias. A Josh le gustaba la atención que recibía y la charla a continuación de portarse mal.

Los problemas en la casa también estaban caldeados. Josh se había vuelto más salvaje y desobediente. Se rehusaba a las penitencias y cuando su madre intentaba obligarlo simplemente se escapaba gritando insultos, pegándole y hasta escupiéndola. Luego de una larga y detallada charla, nos dimos cuenta que mientras su comportamiento había empeorado, las consecuencias eran cada vez más débiles. En lugar de establecer penitencias utilizando el método que habíamos hablado, ahora el 95% de las veces solamente lo amenazaban.

La verdad es que no todas las escuelas son buenas para todos los niños. Si su niño es un león, como Josh, y la escuela que eligió para él solamente se basa en hablar de sus sentimientos y discutir las reglas de comportamiento, su hijo va a comérselos a todos vivos. La agresión natural y el fuerte deseo de Josh era demasiado para los métodos utilizados por el jardín. Los padres de leones deben buscar escuelas que tengan claros límites y consecuencias que se apliquen al momento y constantemente.

Josh y su familia tenían suerte, la directora del jardín estaba muy abierta a nuevas ideas y soluciones para trabajar. Observó que cada año uno o dos niños comenzaban a comportarse como Josh y estaba ansiosa por emprender nuevos métodos para llegar a buenos resultados. Con el apoyo de la directora del jardín, sus padres y mi permiso, empleamos a un especialista en comportamiento para que trabaje con el niño por seis semanas. Antes de que el especialista comenzará a trabajar, le enseñé a sus padres y a él un plan táctico con acciones específicas y lenguaje especialmente diseñado para cuando Josh se portara mal o fuera desafiante. También el cuerpo de maestros estaba al tanto del plan.

Tres días después de comenzar con el protocolo de conducta su comportamiento más desafiante y agresivo había desaparecido por completo. Todos, incluido yo mismo, estábamos sorprendidos por lo rápido que Josh había cambiado. Esto tiene mucha relación con el hecho de que sus padres seguían este protocolo al pie de la letra en su casa también. Aunque en los próximos tres o cuatro meses siguientes Josh continuaba desafiando los limites, toda su agresión física y comportamiento desafiante habían cesado. Josh no solamente obedecía direcciones, también estaba más contento y feliz. .La directora me pidió que enseñara a todo el staff el método que utilice con Josh, cosa que hice con gusto.

¿Cuántos leones hay por ahí?

Imagine un niño como Josh, cuyos padres y maestros están comprometidos a utilizar solamente métodos educativos como los que se utilizan en este jardín. Su sentido de omnipotencia permanecerá desenfrenado totalmente. El experimentará este método de "razonamiento y distracción" no como compasivo, sino como abandono. Su conducta agresiva y desafiante escalaria llevada por la ansiedad de encontrar la mano que siempre se escapa. Cuando este comportamiento escala a esferas fuera de lo normal, el cuerpo de maestros incorrectamente asumirá que estos comportamientos son el resultado de la inhabilidad de razonar y comprender. Basado en estas conclusiones ellos invertirán más tiempo y esfuerzo razonando y hablándole acerca de su comportamiento y finalmente expandirán estos límites y le darán más libertad basada en su pobre comprensión y falta de habilidad para entender. Para cuando cumpla los cuatro o cinco años desarrollará rabietas y manipulaciones más extremas y será diagnosticado con un desorden de conducta y aprendizaje.

Esos son los leones que veo todos los días. Niños normales y sanos que por causa de una desafortunada combinación de características desafiantes, una sociedad que refuerza su sentido de omnipotencia, y métodos de crianza y educación que fracasaron, ahora muestran comportamientos que están tan alejados de lo normal y que serán la señal de un desorden de tipo neuronal.

CAPITULO 3

ALIMENTANDO LEONES CON CARAMELOS

Diabetes emocional

Criar a nuestros hijos con una dieta de alabanzas, deferencias e indulgencias es como alimentarlos con caramelos y dulces en todas las comidas. Con todo eso el niño terminará con una "diabetes emocional" y formará parte de los niños muy débiles e incapaces de digerir las frustraciones y dificultades básicas de la vida.

¿Porqué los niños no salen del estado de omnipotencia?

Existe una serie de cambios que son los causantes de que los niños no realicen la transición del estado de omnipotencia. Estos cambios pueden separarse en dos categorías: cosas que han debilitado los límites establecidos por los adultos (requieren menos reconocimiento del otro) y cosas que han fortalecido el sentimiento de omnipotencia en el niño (darle más reconocimiento del yo/niño). La mejor manera para un niño de realizar sanamente la transición de la omnipotencia a la interdependencia, es que sientan un fuerte balance de reconocimiento del yo y de los demás (reconocimiento mutuo).

Demasiadas opciones

Una de las maneras que utilizamos para aprobar algo a nuestros pequeños es dándoles opciones. Cuarenta años atrás los padres no ofrecían a sus niños opciones, en cambio los de hoy en día se animan a ofrecer estas en todo.

Mientras que hay un grado de opciones poderosas que son necesarias de ofrecer al niño, este es el cambio fundamental ocurrido en 30 o 40 años y que ha transformado la manera en que los niños se ven a sí mismos. Cuando los niños se acostumbran a tener opciones para todo, entonces esperan tener opciones para todo. Para cuando entran en edad escolar muchos niños no están preparados para los maestros que en lugar de preguntarles, les dicen que es lo que hay que hacer.

Existen dos problemas cuando damos a los niños demasiadas opciones. Primero, en el futuro les será más difícil comportarse cuando se encuentren en situaciones donde no existirán tantas opciones y les es necesario seguir órdenes o ayudar a un grupo (por ejemplo en la escuela). El segundo problema es que fortifica la identidad omnipotente del niño, y le será más difícil en adelante la transición a la identidad interdependiente. Los niños a los que se les ha dado muchas opciones, serán más voluntariosos en el estado omnipotente, y en consecuencia muy difíciles de manejar.

Conocí a una madre de 4 niños que nunca les dio ninguna opción a escoger a la hora de la cena, ni siquiera cuando iban a comer afuera. Su razonamiento era que ella cocinaba todas las noches para seis personas y al no tener muchas opciones para ofrecer, no quería acostumbrar a sus niños a escoger qué cenar. Ella quería además que sus niños sepan que son parte de un grupo y que la voluntad del grupo supera a la voluntad propia.

Dar opciones a los niños para algunas cosas está bien, pero debe haber muchas más durante el día donde no tenga opciones o estas sean muy limitadas.

Él no es el único acá

Estaba yo observando a una mujer que leía a su nieto, Ryan de 3 años. Hacia la mitad de la lectura (que Ryan había elegido originalmente) ahora el niño quería un libro diferente. La señora le dice, "No, tú elegiste este libro y lo terminaré de leer". Ryan comenzó a llorar, "quiero otro libro". Aparece la mamá del niño y dice, "Pero mamá, ¿porque no le lees este otro libro?" La abuela no cedía "El niño tiene que aprender que él no es el único acá" Afirmando sus deseos, la abuela insistía en que él la reconociera e instintivamente intentaba establecer un mutuo reconocimiento.

Para que el pequeño Ryan desarrolle una sana capacidad de mutuo reconocimiento, los adultos a su alrededor deben tener fe en su habilidad de sobrevivir la decepción y la frustración y no dejar que sus miedos los dirijan a la indulgencia. El miedo implícito en el impulso de la mamá de Ryan de darle lo que él quiere en esta situación es, "¿Y si el niño no desarrolla un amor a la lectura?" o "¿Qué ocurrirá si no aprende a defender sus deseos?" o tal vez "Este tendría que ser un momento de felicidad, no de decepción".

La acumulación de momentos en que los adultos ceden sus deseos a los deseos del niño, resulta en un desbalance hacia el desarrollo del poder por sobre la conexión. Cuando se examinan estos momentos por separado parecen inofensivos, pero la suma de todos los episodios deriva en un niño que desarrolla demasiado su identidad omnipotente.

Algunos consejos para los padres

EN LUGAR DE ESTO	TRATE HACIENDO ESTO
Dar opciones para todo Ropa,comida, actividades, Horarios, etc. Donde te gustaria comer? A que hora quieres ir a jugar al parque?	**Opciones para algunas cosas y no otras:** "mama y papa elegiran donde vamos a comer. Vamos al resturant donde tienes varias opciones para elegir" "Vamos a ir a jugar al parque a las 1 pm." "Cuando vayas al parque debes ir siempre usando pantalones"
Opciones abiertas "Qué quieres usar hoy?" Que te gustaria comer?	**Opciones estructuradas:** "¿Que pantalones te gustaria usar? ¿El rojo o el azul?" "Puedes ordenar el macarron,el pescado o el hotdog"
Siempre hay opciones	**Algunas veces la unica opcion es hacer lo que Mami dice o tendras penitencia**
Permitir un largo debate o discussion sobre las opciones y las reglas. "Pero no quiero ir a casa,yo quiero quedarme en el parque"	**Habran veces donde "sin discusion" es la regla** A pesar que una pequena discusion algunas veces puede acomodarse, si el nino se acostumbra a lcuestionr la regla, es una manera de pelear, usted debe dar la penitencia usando este enfoque: "Te dije que no iba a discutir mas, ahora tendras que tomar dos minutos de penitencia"
Tener opciones es un derecho	**Tener opciones es un privilegio que se puede quitar si no se respeta las reglas gobiernan.**

"Cuando le ofrezca a sus niños opciones, recuerde que tiene que prepararlos para que sean exitosos y felices en la escuela. Si la casa es un lugar con opciones ilimitadas y muchas comodidades, y la escuela es un lugar con muy pocas opciones y pocas comodidades, que no le sorprenda que a su niño no le guste la escuela"

Utilizando el cuadro de la página anterior le permitirá crear una estructura dentro de la cual usted manejará los deseos de su niño. Solamente después que los padres han creado esta estructura, el niño puede interiorizar y desarrollar los músculos necesarios para la autorregulación y la gratificación diferida.

¿Son las opciones del niño más importantes que las suyas?

La crianza cercanamente ligada con las opciones, se basa regularmente en preguntarle al niño su opinión. Estas opiniones pueden ir desde elegir que ropa usar para la escuela, hasta preguntarle a qué restaurante le gustaría ir o elegir el color de la pintura de la cocina.

Tanto el niño que desea seguir usando su disfraz de Halloween en la escuela después de dos semanas, o la niña que rehúsa llevar cualquier otra cosa que no sea su vestido favorito inclusive cuando hace más de 5 días que no se lava. Y así también son incontables las veces que he visto a la madre arrastrar a un niño llorando y llegando tarde al jardín, por haber estado discutiendo acerca de cómo vestirse.

Los niños que están acostumbrados a opciones para todo, aprenden a cuestionar todo lo que no prefieren. Esto podría ser normal en una casa tolerante, pero se tornará imposible cuando el niño está en la escuela y le es difícil comprender como su opinión no es tan válida, o más válida aún que la de su maestro.

He visto clases de matemáticas de tercer grado donde los alumnos cuestionan la forma del maestro de enseñar aritmética. Esta no es una discusión donde se aclaran las dudas, sino la insistencia de los niños en que su forma es correcta y la del maestro no.

Un maestro veterano se me acercó, luego de yo dar una conferencia, y me expresó "con todo esto tú nos has dado permiso para ser adultos nuevamente"

Como padres y maestros estamos tan alentados a proveer opciones y provocar diferentes opiniones en nuestros niños, que hasta creemos que nuestras opiniones valen menos que las de ellos. Tenemos que lograr que todo sea justo, considerar la opinión de todos, asegurarse que nadie esté incómodo (excepto nosotros) y que se resuelvan todas las necesidades. Todo esto mientras facilitamos el terreno a una gran y caótica democracia. Pero será que en medio de todo, ¿nos olvidamos que somos los adultos? Nosotros debemos ser los que decidimos que es bueno y que no es bueno para nuestros niños.

Pedir a los niños su opinión y brindarles opciones puede llevar a muchos efectos positivos solo si estamos preparados a establecer y afirmar sofisticados límites que balanceen la poderosa identidad que su niño desarrollará como consecuencia.

Comunicación

Los padres de hoy hablan más con sus niños. Les hablan cuando aún están en el vientre de la madre, les hablan cuando son infantes, les cuentan los detalles del cambio de pañales, verbalizan cosas que asumen el niño está experimentando: ("¿No te gusta el pollo?" "¿te gustan las papas?") Por consecuencia los niños son más articulados a edad más temprana. Los padres discuten con los niños de manera sofisticada, y estos están expuestos a lenguajes más sofisticados debido a la TV y el Internet. Criar niños más articulados es una gran cosa, pero requiere de un cambio en la crianza.

Treinta años atrás un niño de dos años y medio tenía una rabieta con solo un pequeño arsenal de palabras a su disposición. Los niños de hoy están equipados con más palabras y tienen la confianza de usarlas. Esto significa que las rabietas son más sofisticadas y más difíciles de controlar. Por consecuencia, los adultos sucumben a las demandas del niño, y cada vez que esto ocurre se fortalece la identidad omnipotente.

La otra dificultad inherente en criar niños más articulados es que los adultos están tratando de razonar con un niño que sabe hablar bien. Un niño de dos años y medio puede que hable correctamente y comprenda conceptos como otro de cuatro o cinco, pero continúa funcionando emocionalmente y desde el estado de auto identidad correspondiente a su edad. Pero, como en el caso de Faith (en el capítulo anterior) la acción debe ser más importante que la razón.

No solamente los niños son más articulados sino que también comprenden las sutilezas de la comunicación. Comprenden la implicancia inherente a lo que se habló. Irónicamente, padres y maestros no solamente se comunican más con los niños, sino que también les dan más información en situaciones en que el niño necesita menos debido a su gran habilidad para entender las implicaciones del lenguaje. Esto establece un desbalance y posiblemente una dinámica disfuncional de comunicación.

Menos palabras, más acción

La tendencia a alargar el razonamiento con los niños ha hecho más dificultosa la transición a la interdependencia. El problema de razonar con los niños cuando han hecho algo que debe ser corregido, es que los niños ante todo entienden acción. Al final, lo único que realmente les importa es, "¿Conseguí lo que quería?" También sucede que los padres asumen, durante su razonamiento con los niños, que estos poseen algún tipo de nivel ético, cuando justamente a esa edad no lo tienen. Mientras los padres intentan enseñar al niño la diferencia entre lo bueno y lo malo de algo, el niño procesa la experiencia y el diálogo en términos de: "¿Cómo hacer para conseguir lo que quiero?" La única manera de enseñar al niño lo bueno y lo malo es crear consecuencias que aseguren que lo que es bueno es en su propio interés y lo que es malo no. El niño desarrollará naturalmente el poder de la razón, pero lo hará experimentando las consecuencias de sus acciones. Si las consecuencias de las acciones enseñan una cosa al niño mientras que las palabras de sus padres le enseñan otra, entonces el niño aprende que las palabras no tienen integridad y por lo tanto estará bien utilizarlas para manipular.

Cuando un niño de tres años y medio le pega a otro y el adulto le pide que diga "perdón", no estamos enseñando empatía o simpatía por los demás. Estamos enseñándole que si quiere pegarle a otro niño, también tendrá que decir la palabra "perdón". Para poder enseñarle al niño empatía tenemos que demostrarlo, no solo hablar acerca de ello.

Algunos consejos para los padres

EN LUGAR DE ESTO	INTENTE ESTO
Ordenarle que se disculpe "Dile a tu hermana que lo sientes" "Necesito que te disculpes con Kevin y dile que no lo haras de Nuevo"	**Darle una penitencia inmediata.** La consecuencia debe ser lo bastante pesada para el problema de conducta. En otras palabras usted quiere que el nino se sienta mal por lo que ha hecho no solo que lo diga.
Decirles como se deben sentir "Mira a tu hermana llorando, no te da pena por ella?"	**Dejar que la consecuencia les enseñe.** Cuando los adultos tratan de decirle a los ninos como se deben sentir (empatia compasion , generosidad, etc) lo que ellos experimentan es verguenza y culpa por no tener esos sentimientos
Explicarles en detalle porque algo esta incorrecto	**Pedirles que se den cuenta solos.** Despues de darle la penitencia, hagales preguntas de manera que puedan ver que la mala conducta no fue para su provecho. "Porque tu hiciste…" "esa eleccion te dio lo que que querias?" "Que habrias hecho para obtener lo que quieres?"
Decirles repetidamente a su hijo y al amigo que no griten mientras estan mirando TV	**Tome el control remoto y apague la TV.** Ahora que tiene su atencion, digales: "Esta TV estara apagada por un minuto. Si tengo que hacer esto de nuevo, la Proxima vez seran cinco minutos. Han entendido porque apague la TV?"

EN LUGAR DE ESTO	INTENTE ESTO
Decirles las reglas una y otra vez. Cuando usted repite las reglas a los niños una y otra vez usted esta intentando de protegerlos de fallar, cometer errores y de las consecuencias. Si los deja aprender de las conse cuencias les permitira evolucionar a travez de sus propios errores.	**Decirles las reglas una vez o para nada.** Despues de eso, darles una pequena penitencia de manera que recuerden y aprendan las reglas. Repetir las reglas una y otra vez es ser condescendiente y Como decirles que las reglas no son serias. Actos destructivos y de violencia deben tener consecuencias inmediatas Si su hija de cuatro anos tira el plato al suelo, no hay necesidad de explicarle el porque eso no es correcto.

En lugar de decirle al niño qué debe sentir frente a otro niño lastimado, hay que demostrar empatía cuando él se lastima. Por ejemplo, si su niño empuja y quita un juguete a otro niño, lo que debe hacer es darle una penitencia inmediata y devolverle el juguete al otro niño. Luego, cuando su niño esté enojado porque está en penitencia, empatice con él, "Yo sé que las penitencias no son divertidas, a mí tampoco me gustaría estar en penitencia, pero cuando empujas y quitas un juguete a otro niño hay que irse de penitencia"

Adicionalmente los adultos asumen incorrectamente que los niños son, o deberían ser, morales y no inmorales. La verdad es que el niño no es moral ni tampoco inmoral, es *amoral.* Por lo tanto muchas veces los niños utilizan el lenguaje *moral* para conseguir de los adultos lo que quieren (manipular).

El resultado final de toda esta comunicación en lugar de consecuencias, es que la identidad omnipotente del niño rara vez se enfrenta al firme deseo de los demás. Más bien aprende qué puede hacer lo que quiera, a expensas de quien sea, mientras continúe utilizando las palabras correctas. Con más diálogo pequeño que tenga, en lugar de consecuencias, más sofisticado se convierte el lenguaje que aprende para conseguir lo que desea... y la identidad omnipotente queda ilesa.

El problema con la alabanza

Quizás la causa más evidente del desarrollo excesivo de la identidad de omnipotencia de los niños, es la alabanza. Por más de 25 años el mecanismo sobre la autoestima nos ha enseñado que la falta de éxito y felicidad en la vida se manifiesta como resultado de la baja autoestima; y que si los padres y maestros hubiesen adornado la vida de los niños con alabanzas, ellos hubieran desarrollado una gran autoestima, que es necesaria para conseguir todo en la vida. Como resultado, los padres y maestros alaban cualquier esfuerzo menor o logro mediocre.

No estoy abogando acerca de abandonar la alabanza del todo; es más, yo regularmente alabo a los niños con los que trabajo, .Más bien reservo la alabanza para cuando es bien ganada y utilizada apropiadamente. La alabanza es efectiva cuando está basada en el esfuerzo y no en la inteligencia.

Estudios recientes demuestran que alabar la inteligencia en lugar del esfuerzo, desarrolla niños con miedo al riesgo, inclinados a la ansiedad, adversos a poner mucho esfuerzo y de bajo rendimiento. Mientras que cuando alabamos al niño por su esfuerzo, estamos motivándolo a que trabaje más y a ser más audaz en sus esfuerzos (1)

Irónicamente, el uso excesivo de la alabanza como herramienta para el desarrollo de la autoestima, ha desestimado su uso como elogio honesto. Una serie de estudios del psicólogo Wulf-Uwe Meyer demuestra que a la edad de doce años los niños no ven la alabanza por parte del maestro como una señal de haber estado bien, sino como un signo de debilidad y logros mediocres donde el maestro cree que necesitan estímulo adicional (2)

Una señora me contó la historia de cómo las otras madres, de un campamento de niñas, estaban ofuscadas porque ella no quiso aplaudir a su hija cuando ganó el tercer premio por cuidar a los animales. Ella les respondió, "¡Me rehúso a decirle a mi hija que debe estar orgullosa por ser la tercera en remover estiércol de animal!"

Bombardear al niño con alabanzas, naturalmente, afirmará su sentimiento de ser grandioso, hasta tal vez el mejor que todos. Este niño seguramente será más desafiante y requerirá de una firme y sofisticada serie de límites para poder desarrollar un sano reconocimiento del otro.

Algunos consejos para los padres

EN LUGAR DE ESTO	INTENTE ESTO
Alagarlos exageradamente: "Eres un Genio!" "Eres fantastico!"	Sea especifico: "Los colores yfotos que usaste en tu proyecto son muy bonitos"
Alagar Caracteristicas: "Eres muy atento" "eres bastante inteligente"	Enfoquese en su esfuerzo: "Vi como te sentaste con la nueva niña" "Puedo ver que trabajaste bastante. Buen esfuerzo"
Alabarlo en todo	Escoja lo que merece una alabanza: Cuando todo lo que el nino hace es alabado, su alabanza ya no le significa nada

EN LUGAR DE ESTO	INTENTE ESTO
Nunca criticarlo	Sea Autentico: No tema decirle a si niño que piensa que pudo haberlo hecho mejor cuando es claro que no se esforzo lo suficiente.

Demasiada estimulación

A los niños se los estimula demasiado temprano. Esto es algo de lo que no podemos dar marcha atrás. Mientras que podamos limitar la cantidad de tiempo que nuestros niños pasan frente a la computadora y la TV, debemos comprender que la naturaleza de cómo nos entretenemos ha cambiado irrevocablemente. Efectos especiales más reales, ediciones que se mueven rápidamente de una imagen a la siguiente, cientos de canales para mirar, juegos y computadoras que obedecen a comandos o cambian instantáneamente con solo pensarlo; tienen un profundo impacto en el desarrollo de la mente del niño.

Como resultado de todo este cambio, ahora hay niños con más corta capacidad de atención, baja tolerancia al aburrimiento y una actitud precoz que los conduce a más estimulación.

Padres y maestros han respondido a esta variación, tratando de ofrecer a los niños más de la estimulación que quieren, por eso los padres mantienen un calendario bastante ocupado con sus hijos y los maestros trabajan tiempo completo en desarrollar lecciones más entretenidas y eficientes.

Efectos aumentados por los medios de comunicación

Mientras los sentimientos de omnipotencia y auto importancia se agrandan en los niños, los medios de comunicación se

65

adaptan a su nueva audiencia. Al hacer esto refuerzan el ciclo de omnipotencia y proveen modelos de conducta. Quizás el ejemplo más llamativo de la psicología de omnipotencia del niño se representó en la serie de películas de "Mi pobre angelito". En "Mi pobre angelito 2" el protagonista Kevin McAllister, de 10 años de edad es , una vez más , involuntariamente abandonado por sus padres, esta vez en la ciudad de Nueva York, y sin dificultad alguna consigue un taxi, registrarse en un hotel y hasta servicio de habitación. En cada escena el pequeño Kevin es retratado como el más sobresaliente y el de mayor juicio, mientras que los adultos son personajes incautos, con poco o ningún carácter. Kevin no solamente posee atributos extraordinarios de superhéroe; sino que es retratado como el único personaje que posee profunda sabiduría, compasión y sentido común. En la mitad de la película Kevin ha sido elevado al nivel de "guru", ya que aconseja de manera sabia a una señora sin casa a enfrentar a sus demonios y retornar a la sociedad.

La película tuvo un gran éxito debido a que refleja los sentimientos internos de una generación de niños que creen ser más inteligentes, más sabios, más compasivos y más competentes que la gente grande. Los adultos que los rodean no son iguales a ellos, son más bien, tontos, fáciles de engañar, confusos y no poseen sentido común. La película trata de un niño omnipotente en un mundo de gente inferior a él. Es notable la ausencia total de amigos y compañeros de Kevin. Así como los adultos, los niños en la película son como estatuas de cartón que no poseen ningún atributo como Kevin. Él es ambas cosas, el más poderoso y el que está verdaderamente solo. ¿Cómo se imaginan que un niño, que se identifica con esta película, siente acerca de obedecer a un maestro o a sus padres?

La generación anti-autoritaria

Comenzando la década de los 70s, los padres americanos venían de generaciones cuya identidad básica se caracterizó, cada vez más, por su rechazo y desprecio por la autoridad. Por lo que lo último que los padres de hoy quieren, es convertirse en una figura autoritaria. Más bien, los padres desean ser los mejores amigos del niño. La necesidad de establecer límites, simplemente decir no a ciertas cosas, o administrar consecuencias difíciles; les resulta desagradable. Una confrontación es rechazada por hacer las cosas más difíciles de lo necesario. ¿Porqué no razonar con el niño hasta que entienda su error?

Sin embargo, durante la crisis de acercamiento una autoridad firme es exactamente lo que se necesita. La autoridad debe ser justa, compasiva y sin juicio emocional, pero necesita ser la autoridad en todo caso. Un maestro mío, dijo una vez que "la persona con sabiduría se mueve diestramente entre la compasión y el rigor, y entre el sentido práctico y la poesía". Nuestra crianza del niño se ha alejado del rigor y el sentido práctico y va en dirección a la compasión y la poesía. Una forma de manifestarse es en nuestra visión idealizada de la naturaleza del niño. Honramos a la niñez y a la juventud como perfectos, sin fallas y sin debilidades.

Existe una escuela en Santa Mónica (California) que se llama "Jardín de ángeles". Aunque conozco muy poco acerca del enfoque en su enseñanza, sospecho que se basan en la creencia de que los niños dejados a su aire, serán como ángeles. Siempre guardo la esperanza que frente a esta escuela construyan otra que se llame "Campo de guerreros" solo para corregir el desbalance.

A muchos padres les va a constar que los niños son un poco de ambos, mitad ángeles y mitad guerreros. Los niños no son criaturas morales, tampoco son inmorales, los niños son *amorales*. El problema con basar la paternidad desde la suposición que el niño es un ángel, es que coloca demasiada carga sobre el niño y no suficiente carga sobre los padres. Si asumimos que los niños son ángeles, naturalmente que nos decepcionaremos cuando le peguen a otros niños o les quitan su juguete. La decepción es un juicio y puede convertirse rápidamente en una forma de manipulación. Todos sentimos resentimiento cuando nos manipulan y con la manipulación comienza un ciclo de agresión pasiva o directa. Cuando los padres asumen que el niño es por naturaleza moral, los excusa de cargar con la responsabilidad de modelar el carácter del niño. Los padres que toman la responsabilidad de establecer consecuencias con el mejor interés de que sus niños se comporten respetuosamente, que ejerciten una auto disciplina y tengan consideración por los demás; esos padres criarán un niño sano. Los padres que ponen límites y consecuencias sin juzgamientos, criaran niños que pueden comunicarse sin agresión ni manipulación.

En los últimos 18 años muchos de los niños que he escogido para trabajar han sido vistos sin duda, como guerreros. Me gustan los guerreros, los admiro, prefiero al guerrero que al diplomático. Pero para ser un gran guerrero se necesita disciplina y compasión, sentido práctico y *poesía*.

Aceptar el conflicto

Los momentos de conflicto y desacuerdo entre padres y sus hijos, cuando son bien manejados, son los cimientos en los que se construyen la felicidad y la interdependencia. Los niños de hoy son más voluntariosos, expresivos y confidentes, y por ende, el conflicto con ellos es inevitable. Pero niños más sofisticados necesitan límites más sofisticados. Si fallamos en establecer sus límites o fallamos en sostenerlos, ellos nunca desarrollarán un reconocimiento mutuo.

Vamos a comer afuera

La mamá y el papá quieren ir a desayunar afuera un sábado a la mañana. Su hija de tres años dice que no quiere dejar de jugar con sus juguetes y no desea ir. Los padres la tratan de convencer de que será divertido, se quejan que en la casa hace mucho calor y dicen en voz alta que en el restaurante se sentirá más fresco. La madre le dice a la niña que puede pedir lo que quiera, le recuerda lo mucho que le gustan los panqueques de ahí y le promete que cuando regresen podrá continuar jugando con sus juguetes. La niña no se convence y sigue firme en su insistencia en que se queden en casa.

Si su niña de tres años es la que toma la decisión de cuando la familia sale a comer, ella tiene demasiado poder y no suficiente conexión. Mientras es perfectamente natural que la niña de tres años trate y quiera tomar el control de esas decisiones, no es sano para ella tener éxito.

Algunos padres con lo que he hablado, son reacios, en una situación como la de arriba, de decirles a sus niños que paren de jugar y se preparen para salir. Me dicen que les parece de alguna manera malvado o desconsiderado el ordenar a sus niños a que dejen todo lo que están haciendo para prepararse a salir. Luego de una pequeña charla me doy cuenta que este es el caso en que los padres asocian firmes límites con juzgamiento de tipo emocional o ser ignorados.

Hay una razón por la cual el péndulo oscila desde el autoritarismo a la crianza permisiva. En el método autoritario, los límites se establecen ignorando los sentimientos y la independencia del niño. Entonces cuando estos niños crezcan y se conviertan en padres, inconscientemente vas a asociar estos firmes límites con el juzgamiento emocional y ser ignorados.

Los padres autoritarios que ponen límites mientras están enojados o desdeñosos de sus hijos, no saben cómo lidiar sin rodeos con su naturaleza y una afirmación saludable de su propia voluntad. Consecuentemente, cuando estos niños se conviertan en padres serán incapaces de lidiar con la afirmación de sus deseos por sobre los deseos del niño.

La manera más eficaz y directa de enfrentar al niño durante un conflicto de voluntades es firmemente hacer valer su (del adulto) voluntad, reconociendo el deseo y la independencia del niño sin juzgar:

"Vamos a salir a desayunar afuera, así que necesito que te pongas los zapatos"

"No quiero salir, quiero quedarme y seguir jugando"

"Bueno, lamento que tengas que parar de jugar, pero quedarte en casa no es una opción. Si te pones los zapatos ahora, puedes jugar por dos minutos más hasta que mamá termine de arreglarse"

"¡Pero yo quiero jugar, yo no voy!"

"Pues tienes que decidirte. O te pones los zapatos y juegas por dos minutos más o te vas en penitencia por dos minutos y luego te calzas los zapatos"

En este punto la madre o el padre cuenta hasta 5 y si la niña no se ha puesto los zapatos tendrá que ir a penitencia. La niña seguramente estará enfurecida, y el padre podrá decir: "Yo sé que estas enojada, ir a penitencia es un fastidio"

Los niños pequeños necesitan de una figura con autoridad. Esperemos que esta figura de autoridad sea considerada y benevolente, pero debe ser una figura de autoridad. Si el deseo del niño no se enfrenta con el deseo más fuerte de los padres, no realizará el tránsito desde el estado de omnipotencia al estado de interdependencia y no desarrollará una sana tensión de reconocimiento mutuo.

Los niños que no desarrollen la habilidad de rendir su deseo frente al deseo del grupo, tendrán grandes dificultades cuando asistan a la escuela, donde esto se requiere y pueden terminar tomando medicación y ser marginalizados como consecuencia.

Notes
1. Po Bronson y Ashley Merryman, El choque de nutrir (New York: Hachette Book Group, 2009), 13-24

2. Ibídem, 20.

CAPITULO 4

LEONES FUERA DE CONTROL

A diferencia de mi metodología, que se basa en el entendimiento de la conducta del niño como un producto de sistemas cambiantes de interacción; el entrenamiento de un psiquiatra se basa en un modelo médico, que ve la conducta como un producto de química neurológica en el cerebro.

DJ La Isla

La edición especial de la revista Frontiline del 2001 llamada "El niño medicado" sigue el caso de un niño de cuatro años llamado DJ y a sus padres que intentan lidiar con su gran desorden de conducta. DJ fue diagnosticado como bipolar por sus rabietas y conducta salvaje, y esta medicado con 3 medicinas diferentes para intentar controlarlo.

En una de sus visitas al psicólogo, la madre pregunta "¿Habrá alguna manera no relacionada con sus medicinas que podamos hacer?" "¿Existe alguna otra opción?" "Es DJ muy pequeño para recibir terapia?" "Hay algo que pueda ayudarlo aparte de la medicina?"

El doctor le respondió "En este estado, el 99% necesario es medicina. Será muy difícil para él aprovechar una terapia o cualquier otra forma de programa de conducta si todavía tienen síntomas de que no se puede controlar inclusive si lo intenta"

La madre de DJ dijo "Solo quiero estar segura que estamos haciendo todo lo posible" Al final de la consulta los padres se van con una nueva receta de un cuarto medicamento para controlar la conducta.

La respuesta del médico asume que la única influencia que los padres tienen sobre DJ es la mendicación, y que la efectividad de cualquier programa de conducta dependerá exclusivamente del niño de cuatro años de edad.

Escenas como estas me llenan de frustración porque he visto situaciones como la de DJ cuya conducta se ha transformado con un plan de conducta comprensible.

No tengo ningún juzgamiento ni sentimiento negativo contra sus padres o el medico; ellos hacen lo que pueden con las opciones que tienen. Los padres de Dj quieren lo mejor para él y es por eso que lo llevan a la persona que es reconocida como una autoridad en sicología infantil. Pero ellos necesitan tener otras opciones.

¿Es el pequeño Dj de cuatro años de edad una isla desierta? ¿Tienen las acciones y reacciones de sus padres ningún soporte en sus decisiones que DJ hace, en su auto control o en las capacidades que desarrolla?

Un niño como DJ es seguro que será diagnosticado con un desorden de tipo bipolar juvenil. Este tipo de diagnóstico ha crecido un 4000% en 10 años (1) y a menudo resulta en medicar fuertes antisicóticos a niños desde los dos años de edad con poderosos efectos secundarios. El doctor Jack McCellan, psiquiatra de la universidad de Washington, describe la actual aproximación al desorden bipolar como "El tratamiento para el desorden bipolar es medicina primero, medicina segundo y medicina tercero" (2)

Cultura fuera de balance

Nuestra cultura ha atestiguado un movimiento que se aleja en considerar los efectos de interacciones en la conducta de niño, en favor de ver al comportamiento exclusivamente como resultado de una neurología pre establecida. Por ello he dedicado todo mi esfuerzo a encontrar explicaciones y soluciones a la conducta en estos patrones de interacción. Este método siempre me ha parecido más efectivo, compasivo y prudente. Ya sea o no que el niño tiene diferencias neurológicas que afectan su comportamiento, no sería mejor comenzar con algún método menos invasivo y riesgoso antes de comenzar con la mendicación? Inclusive, ¿cuántos niños han sido medicados por conducta o características de aprendizaje que podrían haber sido manejadas con un programa de conducta? Solamente cuando una aproximación científica para reorganizar los patrones de conducta no funciona ni da resultados apreciables es cuando debemos considerar la necesidad de documentos.

Hoy día la mayoría de los métodos de intervención de conducta que he presenciado no son completos ni científicos. Es decir, intervenciones de conducta se han hecho de manera inconsistente, en forma diferente por cada individuo que interactúa con el niño, se han desarrollado si ningún entendimiento de cuál es la motivación de la conducta del niño, y puesto en práctica por tan poco tiempo que los cambios que ocurren por medio de estos métodos no son visibles ni tangibles. Una de las finalidades de este libro es el poder mostrar los pasos básicos necesarios para remediar esta conducta y diseñar un plan de conducta completo y científico.

Hay miles de especialistas y millones de dólares dispuestos a encontrar soluciones a los problemas neuronales del niño, Yo estoy dispuesto a encontrar estas soluciones en la forma de interactuar con ellos.

En la próxima edición de "Manual de diagnosis y estadísticas de desórdenes mentales" la comunidad psiquiátrica finalmente debate la tendencia a etiquetar todo problema de conducta severo como desórdenes neurológicos que necesitan medicación. Con la finalidad de influenciar a los psiquiatras fuera del excesivo diagnóstico de bipolaridad juvenil, el panel que trabaja en las revisiones recomienda la adición de un nuevo desorden infantil llamado "Trastorno de regulación del temperamento con disforia". Esta recomendación es en respuesta a recientes resultados de que niños agresivos e irritables que fueron diagnosticados con desorden bipolar, no lo tienen en realidad. (3)

Michael y la señorita Deborah

Las cosas que el niño hace o dice para salirse con la suya son más extremas hoy día. He trabajado con niños de diez años de edad que no dudan en pegar, escupir, patear, morder o insultarme cuando me opongo a sus deseos. Los niños con este tipo de rabietas no son intelectualmente diferentes, son más sofisticados.

Una maestra del jardín de infantes me contó sobre el momento en que un alumno de tres años y medio llamado Michael la sacó de sus casillas:

"Michael corría alrededor de las mesas, tirando cosas al piso, riéndose a carcajadas y sin obedecer. Finalmente lo agarré del brazo y le dije "¡Tienes que detenerte y escuchar!" Me miró fijo a los ojos y me respondió "Vete a la…..Deborah!" Pues fue ahí cuando perdí el control de mí misma. No podía hablar, estaba tan enfadada que temblaba. Era simplemente demasiado.

Lo único que pude hacer fue mantener mi boca cerrada, darle a otro maestro la responsabilidad y salir de la clase para calmarme"

El último año Michael estuvo trabajando con un profesional de manera individual por cinco horas por días, pero ella había estado usando métodos que involucraban intentar enseñarle la diferencia entre buen comportamiento y el malo por medio del diálogo y la razón. Michael solamente empeoró.

Deborah escuchó sobre mí y esperaba ansiosa que yo aplicara mi plan de acción. He visto a muchos niños como Michael, así que expliqué al cuerpo de maestros con lo que nos enfrentaríamos en la próxima semana. Les dije que cuando llegara el lunes, Michael iba a tener una de sus peores rabietas. "Se portará mal, le daría una penitencia, él va a ignorarla, voy a ponerle una consecuencia, va a pelearme, voy a tener que abrazarlo fuertemente, él va a sacar una rabieta gigante, yo esperaré hasta que se calme y me obedezca para enviarlo de regreso a la clase" Todos estaban avisados.

Nota importante sobre retener a un niño, hay varios capítulos en este libro donde se hace mención se describe el retener físicamente o abrazar fuerte a un niño. Es importante entender que antes que alguien aplique cualquier protocolo de conducta que incluya restricción física, debe estar muy bien entrenado en métodos de restricción que aseguren la integridad física del niño. Mientras que retener a un niño pequeño que tiene una rabieta es simple, es diferente el hacerlo con un niño más desarrollado físicamente y mucho más fuerte. En ambos casos la restricción debe ser hecha asegurando la integridad física y seguridad del niño. Adicionalmente, el retener a un niño nunca debe ser usado como penitencia. Y porque, abrazar fuertemente o retener a un niño puede ser emocionalmente conflictivo, todos nuestros esfuerzos deber ser hechos regulando nuestras emociones y asegurándonos que la restricción será hecha calmadamente y sin cólera.

Al día siguiente llegué a la clase, me senté cerca de Michael y esperé. A los 45 minutos Michael le quitó el juguete al niño sentado a su lado y hasta le pegó en el pecho durante la disputa. Me paré en el medio y le dije, "Voy a ponerte en penitencia, acá no permitimos que se le pegue a los niños"

Michael se tiró el piso y gritó: "¡NO!", cuando quise tomarlo comenzó a correr y cuando logré sujetarlo del brazo, comenzó a golpearme. En ese momento lo levanté y lo sujeté fuertemente para que no pudiera golpearme ni pegarme patadas y lo llevé al aula de al lado para poder sujetarlo hasta que se calmara, todo esto fuera de la vista de los otros niños.

Encontré un lugar seguro donde poder sentarme y tomar aliento por lo que sería un largo proceso de espera. No importa cuántas veces lo he hecho, cada vez que sujeto a un niño por primera vez, intento mantenerme lo más calmado posible, sabiendo que mi calma será percibida por el niño. Michael gritaba e intentaba soltarse, insultándome en voz alta. Se calmaba de tanto en tanto pero al rato se ponía peor. Intento pegarme, morderme y hasta pegarme con la cabeza. Iba desde un ataque de rabia hasta ponerse calmado como un bebe, y vuelta a la rabieta. Cuando se quedaba quieto por un rato, yo le hablaba en voz baja: "Dime cuando estés dispuesto a sentarte callado y seguir direcciones" esto daba lugar a otro ataque de rabieta feroz.

Luego de que esta situación se extendiera por más de media hora, la maestra Deborah entro al aula y con mirada preocupada me dijo, "Joe, creo que tienes que dejarlo ir, esta situación es demasiado compleja y larga" Michael intentaba escaparse con más violencia, cuando Deborah dijo "Está gritando como si le hicieras daño y estoy preocupada por lo que el director y el resto de los maestros dirán si es que aparecen. Creo que deberías dejarlo ir"

Michael comienza a gritar aún más fuerte cuando escucha a la maestra preocupada, pero yo intervine "Este niño ha tenido rabietas como estas unas 100 veces antes. Las ha tenido en el mercado, en los restaurantes, en las casas de juguetes y en la calle. Ha sufrido rabietas en su casa donde ha gritado tan fuerte que los vecinos han llamado a la policía. Ha tenido rabietas en la clase, y en cada una en algún momento alguien se ha cansado y lo ha dejado ir antes que pueda controlarse a sí mismo, pero no hoy, el día de hoy voy a esperar el tiempo necesario. Michael necesita esta rabieta"

La maestra poco convencida me dice: "No sé, parece que no funciona, él se ve muy enojado". Le respondí "Lo tienes en tu clase por más de un año y lo único que ocurrió fue que se puso peor. ¿Puedes confiar en mí aunque sea por una semana o solo cinco días? Déjalo conmigo por cinco días solamente y luego me das tu opinión" "Muy bien, creo que voy a confiar en ti" me dijo y volvió al aula de al lado.

Michael continuó con la rabieta por otra media hora. Pero al cabo de una hora estaba tan cansado que acepto mis directivas de sentarse en la silla quieto por cinco minutos hasta que termine la penitencia. Cuando acabó le di permiso para volver a la clase. Una hora más tarde se rehusó a tomar otra penitencia por haber tirado algunas cosas al piso. Lo sujeté tan fuerte como la primera vez y su rabieta duró casi lo mismo que la primera. Ese día el niño regresó a su casa bastante cansado.

El día siguiente fue muy similar, salvo que su primera rabieta duró solamente 40 minutos, y la segunda unos 25 minutos. El tercer día tiró su desayuno al piso y le pedí fuera en penitencia por un minuto. Me miró con descaro, pero se levantó, fue hasta la silla de penitencia y se sentó en ella. Luego de que termino el minuto, regresó a la mesa, levantó la comida tirada en el suelo y la puso en el tacho de basura. Luego comió el resto de comida que le quedaba sin problemas. Esta era la primera vez que Michael obedecía a la penitencia en la clase de Deborah quien con una sonrisa me dijo "Voy a decirlo antes que tú, que me lo avisaste"

Michael tuvo una rabieta por día por los próximos cuatro, pero ya mucho más cortas al pasar el tiempo. Luego de dos semanas las rabietas cesaron casi por completo. Probablemente tuvo rabietas que necesitaron sujetarlo no más de dos veces por mes en los próximos meses. Aunque seguía con algunos problemas de conducta, gradualmente mejoró durante todo el año. Sobre el fin del año fue capaz de seguir las directivas y obedecer las penitencias cuando era necesario.

Los límites firmes crean niños más relajados y felices

El personal de la clase de Deborah estaba sorprendido que junto con mejorar su comportamiento y seguir directivas de los adultos, Michael parecía más relajado y feliz. Se veía menos ansioso y enojado con los otros niños. Ellos habían asumido que su conducta anterior no tenía remedio.

Un niño que ha ganado todas las batallas contra los límites impuestos por sus padres, se convierte en solitario, molesto y ansioso. Estos sentimientos son el combustible que desata el círculo de mal comportamiento y rabietas. Y ocurre porque el niño vive esta falta de límites como abandono. Imagine las rabietas como una expresión de sus sentimientos de poder y control. Estos sentimientos son, a la vez excitantes y misteriosos. Excitantes porque señala su nuevo sentido de poder e influencia, pero sienten miedo porque no sabe todavía si los demás tiene el mismo poder o él es el único con control. Cuando el niño gana la batalla de los límites, lo que está aprendiendo es que él es el único en control. Esto es una tremenda responsabilidad. Cuando yo puse los límites repetidamente más fuertes y con más determinación que sus propios límites, posiblemente por primera vez en su vida, Michael sintió que alguien es igual de poderoso que él, que alguien más estaba en control de las cosas. El niño sintió sacarse un gran peso de sus espaldas, y respiró un aire de alivio.

En mi experiencia con Michael recuerdo que llevaba una camisa con los las figuras de los villanos de Marvel. Su madre me dijo que Michael se identificaba más con los villanos que con los héroes. El niño encontraba algo más interesante en los villanos. Por supuesto que se identifica más con los villanos, estos personajes se caracterizan por sentirse solos, aislados, enojados y superiores. Utilizan su enojo para controlar todo y destruir lo que no pueden controlar. Los villanos son el epítome de la omnipotencia.

¿Es esto autismo?

No todos los niños con los que he trabajado tuvieron rabietas violentas. Muchos de ellos tenían problemas de atención y aprendizaje y me pedían que los observe para ver que roles juegan la motivación y la conducta. Usualmente estos niños sufren de una omnipotencia que aumentó pequeñas características de la enseñanza/aprendizaje a otras más grandes. Los efectos de la omnipotencia no solo se manifiestan en una mala actuación, a veces se manifiestan rehusando actuar del todo.

William es un niño de segundo grado con el pelo naranja y pecas, más alto que todos sus compañeros, disconforme con su cuerpo y poco dispuesto a hacer deportes. Mientras que sus compañeros se acomodaban socialmente al entorno, el parecía cada vez más raro en sus interacciones. Sus esfuerzos por socializar consistían solamente en interacciones muy cortas, decía cosas fuera de lugar en voz muy alta, ponía caras raras o actuaba tontamente para llamar la atención. Aunque estaba apto para mantener conversaciones con los otros niños, se sentía impaciente con su nivel de aceptación. Irónicamente, este comportamiento solo servía para que sus pocas amistades lo rechazaran.

William estaba siempre distraído en la clase por algo que ocurría en su asiento o del otro lado del salón. Era particularmente impaciente y no prestaba mucha atención en matemáticas. Por consecuencia su nivel era por debajo de su grado. El niño tenía un asistente profesional asignado a trabajar con él a tiempo completo desde el jardín de infantes.

Mientras que su asistente hacía las cosas más fáciles para sus maestros, la mayoría de las erupciones de conducta de William continuaban. Estaba tan atrasado en matemáticas que la escuela consideraba enviarlo a una escuela especial.

Cuando yo observaba a William notaba su cara de satisfacción con el estado corriente de las cosas. Parece agradarle la atención que recoge del maestro y del ayudante social mientras molesta. Cuando su mente vuela por otro lado, el ayudante social lo increpa a continuar con su trabajo. Muchas veces William le comenta al ayudante que no puede hacer la tarea porque no ha comprendido qué es lo que hay que hacer, entonces el ayudante se encarga personalmente de que complete la tarea. A veces pretende no escuchar lo que se habla o cambia radicalmente de tema y hace alguna pregunta fuera contexto como, "¿A qué hora es el almuerzo?" En un momento dado el asistente empujaba al niño a regresar a la tarea, y William decía, "Tú me dices las letras y yo las escribo" Cuando el ayudante le dijo que él era absolutamente capaz de terminarla solo, el respondió, "¿Por favor?" El ayudante finalmente respondió con un rotundo "no", William sonrió y regresó a su tarea. Muchas veces le parecía muy divertido que luego de varias oportunidades, los adultos se frustraran. Los maestros y los ayudantes sabían que William tenía más dificultad para focalizar y aprender que los demás niños de la clase, y por eso no lo penalizaban por no entregar el trabajo a tiempo. Debido a su raro comportamiento social y dificultad de percepción e interacción comunicativa con el medio social, William fue diagnosticado con un trastorno del espectro autista.

Tanto en maestro como el asistente estaban seguros que el comportamiento de William era el resultado de su inhabilidad de entender y aprender (opuesto a mi visión de que sus habilidades de entender y aprender eran el resultado de su comportamiento)

Por esta creencia, las formas en la que los adultos interactuaban con él funcionaban muletas de apoyo al comportamiento que tanto querían cambiar.

El comportamiento de William no había cambiado porque funcionaba perfectamente para él. La primera cosa que se necesitaba cambiar en esta dinámica era mover la frustración de los adultos a William. Su comportamiento no lo frustraba, pero si a los maestros. La única manera de averiguar cuan capaz era William de aprender, entender y comportarse era creando un ambiente donde su comportamiento lo frustre, y la única forma de revertirlo era demostrándole un alto nivel enfoque, esfuerzo y conducta.

William había desarrollado una identidad en la clase y con los adultos que lo definían como un niño con poca capacidad y en necesidad de ayuda. El demuestra sus dificultades y los adultos toman responsabilidades que tendrían que ser de él. Esta dinámica era evidente en el lenguaje con el que se comunicaban y en donde se asumían que el niño no entendía lo que estaba haciendo ni las opciones que estaba considerando.

El plan de comportamiento que desarrollamos para William incluía un cambio de lenguaje donde el comprendiera perfectamente los conceptos, las opciones y sus consecuencias. De esta manera, con ese lenguaje transformaríamos el paradigma que permite la conducta inapropiada y externalización de las frustraciones; a uno que reconociera la independencia de William y su habilidad para tomar decisiones.

Este plan eliminaba todo tipo de comentarios acerca de lo que el tendría o no tendría que hacer. Cambiamos estos comentarios por pequeñas penitencias de sentarse alejado de su tarea donde debía permanecer quieto y callado. Añadimos desde ese momento, que el terminara su tarea a tiempo o que haga al menos un esfuerzo por terminarla. Cuando no la finalizara, ya sea por estar desconcentrado o mucho tiempo en penitencia, tendría que quedarse sin recreo solo hasta terminarla.

En otras palabras, cambiamos la responsabilidad de controlar el comportamiento de William de los adultos para dársela de vuelta al niño.

Durante el primer mes de utilizar este plan de comportamiento William se quedaba en clase de dos a diez minutos más cuatro o cinco veces a la semana. Durante estos minutos el se enfocaba por completo y completaba rápidamente la tarea. Odiaba tanto no salir al recreo con sus compañeros, que varias veces lloraba un rato hasta recomponerse y retomar la tarea. Pero en general, su atención y comportamiento cambiaron tanto, que en sólo dos meses tenia que quedarse más tiempo solamente una vez al mes. Cuando se desorientaba o empezaba a comportarse mal, el asistente solo le preguntaba si quería irse de penitencia y él regresaba solito al trabajo.

Sus conocimientos académicos crecían, pero como nunca memorizó las tablas de multiplicar y dividir, estaba retrasado en matemáticas. Sugerí que cada día, antes del almuerzo, lo hicieran trabajar con tarjetas de suma y resta (si él se concentraba bien, terminaba en cuestión de dos minutos) Al paso de solo dos meses William había aprendido las tablas de suma y multiplicación al grado que su nivel de diferencia con respecto a los otros niños era muy pequeño. Aparte de su avance en la academia, William mostraba avances en su comportamiento social. Cuando el asistente observaba que su comportamiento iba a perjudicar el ámbito social, lo separaba del grupo por unos minutos. Al rato se le preguntaba si sabía porque lo había apartado del grupo sin tono de juzgamiento y la mayoría de las veces William podía razonar acerca de su comportamiento y tomar acción.

Aunque esta intervención parece puro sentido común, ataca al centro del popular concepto erróneo acerca de lo niños que es asumir que el niño no se comporta adecuadamente porque no sabe cómo comportarse correctamente. En realidad, toda clase de comportamiento inapropiado y problemas de atención se desarrollan porque el niño encuentra esto más fácil y/o más estimulante que dedicarse a aprender o hacer cosas más difíciles.

Este error es producto de la creencia que la auto disciplina y el autocontrol emergen naturalmente y sin necesidad de tensión o dificultad.

La intervención de comportamiento con William funcionó porque creó tensión. Mientras que los maestros y su asistente cuidadosamente creaban esta tensión sin juzgar, enojo ni moral; cambiaron las expectativas y las consecuencias que frustraban a William de continuar con el problema. Cuando el asistente me comentó que William había llorado por las consecuencias recibidas, le respondí que era una buena señal. Teníamos que brindar los cambios necesarios en su conducta lo más rápido posible para revertir la dirección en la que se encontraba en la escuela. Le sugerí que cuando William llorara de frustración lo acompañara y ayudara con la penitencia, pero que no se la quitara.

Las dificultades de William son otro ejemplo de mucho poder y poca conexión. Interdependencia, o el reconocimiento mutuo, están caracterizados por tensión entre la necesidad del niño y la necesidad de los demás. Esta tensión debería continuar durante toda la vida y es una señal de salud psicológica. Muchas de las conductas inapropiadas de William son el resultado de haber sido tratado de una manera con muy poca tensión dirigida a la conexión. El plan de comportamiento que hicimos creaba la tensión que lo llevaba nuevamente al centro. A pesar que estos ajustes no eran fáciles para él, lo mantenían en el centro y su comportamiento, atención, capacidad de aprender y auto disciplina crecieron.

Seis meses después de comenzar con este plan de comportamiento, los maestros y ayudantes de su escuela determinaron que William no necesitaría ser trasladado a una escuela especial.

La rabieta pasiva

He visto muchos niños diagnosticados con trastorno de espectro autista o algún tipo de autismo menor que, inspeccionados más de cerca, son niños con una omnipotencia desenfrenada. Estos son niños cuyas manipulaciones y rabietas se manifiestan como vagas habilidades y desentendimiento para evitar dificultades o actividades y trabajos que no les gustan (Rabieta pasiva).

El indicador más claro que el niño tiene una rabieta pasiva y no un problema autístico, es una clara consistencia en comprender interacciones sociales y señales de una circunstancia a otra. Si sus habilidades crecen cuando es motivado (haciendo alguna actividad que le guste) y decrecen en situaciones de desmotivación (hacer lo que le mandan), entonces esta conducta es una rabieta pasiva que se manifiesta cuando el niño pretende no entender estas señales cuando le conviene. Estos son niños que han convencido a los adultos que no son capaces de hacer cosas, solamente para no hacerlas.

El problema de tratar a un niño como si fuera autista cuando en realidad sufre de omnipotencia, es que estas dos deben ser tratadas de manera opuesta. Con el niño que tiene algún desorden de tipo autístico el adulto debe esforzarse para comprenda las situaciones sociales y las interacciones. Con el niño que finge incapacidad como forma de controlar, manipular, o evitar esforzarse, el adulto se empeñará en que entienda una situación que ya conoce y esto ayudara a que la manipulación sea más efectiva y por ende alimentar sus sentimientos de omnipotencia.

Los métodos utilizados en este libro no son para tratar niños con autismo severo. Tampoco creo que el autismo sea considerado como un producto del sistema de interacciones en la casa y en la escuela. Creo, más bien, que hay un gran porcentaje de niños, como los ejemplos en las páginas anteriores, que han sido mal diagnosticados con trastornos de espectro autista simplemente porque los profesionales no han encontrado alguna otra forma efectiva de explicar esta conducta.

Notes
1. Benedict Carey. "El trastorno bipolar avanza como diagnosis para los jóvenes", New York Times, Setiembre 4, 2007

2. Benedict Carey, "Revisando el libro sobre desórdenes mentales", New York Times, Febrero 10, 2010

3. Ibídem

CAPITULO 5

LA JAULA DEL LEÓN

Cuando la compleja conducta de un niño voluntarioso está sin control, se crea un ciclo de comportamientos que arderán por sí mismos y el pequeño león quedará atrapado en una jaula de su propia creación.

El fracaso de la transición plena de omnipotencia a la interdependencia puede manifestarse de varias maneras. Un niño puede simplemente haber desarrollado un conjunto de comportamientos que, de manera efectiva, le permite evitar tareas difíciles y consecuentemente, ejercitar una muy pequeña autorregulación. Williams, quien se quedó atrás en matemáticas porque le resultaba más fácil y estimulante evitarlas, ejemplifica esto. Un patrón de este tipo de comportamiento a lo largo de los años, agrandará inclusive, las dificultades de atención menores, el aprendizaje y la conducta social, hasta que el niño parezca tener problemas neurológicos que pueden ser diagnosticados como trastorno del espectro autista, T.D.A. (Trastorno por déficit de atención)/T.D.A.H. (Trastorno por déficit de atención e hiperactividad) o inclusive que es retrasado en su desarrollo. Recordemos: comportamiento moldea neurología, no al revés.

Otro niño puede haber comenzado con una fuerte inclinación hacia la impulsividad, la precocidad y una necesidad de alta estimulación. Este niño es tan propenso a las rabietas más severas y comportamiento difícil que podría nunca ser contenido durante la crisis de reconocimiento. Cuando esta clase de niños llega a la escuela, se apresuran a desarrollar una autoimagen negativa y su comportamiento se intensifica. Muchos de estos niños son los que podrían ser diagnosticados con T.D.A. o

T.D.A.H. Niños con características que se llamarían T.D.A. o T.D.A.H. son quizás el más alto grupo de riesgo para desarrollar una fuerte identidad de omnipotencia porque son requeridos los más sofisticados y firmes límites para contenerlos y permitir su transición a la interdependencia.

La más extrema manifestación de la identidad omnipotente, es el niño que demuestra emociones volátiles, altos niveles de manipulación y rabietas severas. Este niño ha desarrollado un ciclo de carga emocional de omnipotencia. Su auto identidad está firmemente arraigada en la ansiedad, produciéndoles el punto de vista de que ellos son las personas más importantes y competentes en su mundo. Ellos, compulsivamente, tratan de controlar a los de su alrededor y ven todas sus frustraciones y dificultades como resultado de alguna injusta circunstancia externa o persona.

Estos niños incluyen muchos de los que actualmente han sido diagnosticados con desorden bipolar juvenil y a quienes se les receta medicamentos psiquiátricos potentes en un intento de controlar su comportamiento.

Emma

Emma era una niña de nueve años de edad, quien por sus ojos te decía que estaba haciendo más de lo que aparentaba. Ella era elocuente, bonita y muy atlética. Siempre llegada a la escuela bien vestida con ropa recientemente planchada. Durante un juego que requiere que los niños usen dinero de juguete para pagar facturas, encontrar empleos, departamentos y compañeros de cuartos, un niño llamado Zach le preguntó a Emma si ella sería su compañera de cuarto. Ella le respondió que si se mudaba con él, Zach tendría que pagar todas las cuentas. El niño aceptó rápidamente y Emma le dijo que lo pensaría.

En la escuela, por momentos Emma era encantadora y atractiva y en otros estaba molesta y volátil. Cuando ella estaba molesta o decepcionada, todos en el salón estaban con un manojo de nervios esperando ver que es lo siguiente que pasaría. Si a ella no le gustaba lo que había escrito, rompería lentamente su hoja de cuaderno en pequeños pedazos y los tiraría en el suelo al frente de su carpeta. Nadie estaba seguro de que la hacía explotar ni cómo calmarla.

Algunas veces Emma continuaría trabajando en lo que estaba frente a ella cuando la clase ya se había movido a otro tema. Cuando el maestro le decía que apartara lo que estaba haciendo y sacara la siguiente lección, ella lo ignoraba completamente hasta que él ponía sus manos sobre su papel y le decía: "Tienes que apartar esto ahora. Es hora de las matemáticas" a lo cual ella, en un tono condescendiente, respondía: "Yo te escuché la primera vez" y luego lo ignoraría hasta que él le hablara de nuevo. "¡Que no puedes ver que estoy tratando de terminar!" la niña gritaba. Si alguien ponía sus manos en ella para hacerla mover, lanzaba su carpeta y corría fuera de la clase para que la persigan. Si la retenían antes que se escapara de la clase, gritaba con toda la fuerza de sus pulmones, mordía, pateaba y golpeaba. Si no la atrapabas hasta que saliera fuera del área de la escuela, te hacía correr un poco y luego se paraba dejándose atrapar y caminaba calmadamente de regreso con una sonrisa en la cara.

Ella era una perfeccionista que se ganaba cada año un rol protagonista en la obra de teatro de la escuela. Si olvidaba alguna línea durante los ensayos, la niña se sentía mal con ella misma y a menudo montaba en cólera. Si estaba agitada o queriendo evitar algún tema que encontraba aburrido, le decía al personal que necesitaba ver a su consejera y les escribía una nota para que le avisen. Algunas veces se chupaba el dedo pulgar y le gustaba traer sus peluches a la escuela para ponerlos en su carpeta mientras ella trabajaba.

El personal de la escuela y sus consejeros estaban constantemente tratando de averiguar cómo hacer para pasar el día sin que la niña explotara. Cuando esto pasaba se necesitaban dos adultos para cargarla hasta la sala acolchada de aislamiento, donde ella golpearía en la ventana con sus zapatos o puños y gritaría hasta que la dejaran salir o trajeran a su consejera para calmarla.

A veces, cuando su sesión con la consejera estaba por finalizar, empezaba una rabieta en la oficina y se rehusaba a salir, hasta que el personal de crisis tendría que removerla al cuarto de penitencia o al de aislamiento.

Emma había sido diagnosticada con desorden bipolar y suministrada con fuertes medicamentos, incluidos el Litio y Depakote (un poderoso anticonvulsivo) con resultados muy limitados e inconsistentes. Antes de la intervención de conducta que hice, Emma se pasaba entre una y dos horas al día en la sala de aislamiento. Sus arrebatos, ansiedad y explosiones fueron escalando mes tras mes y los administradores de la escuela especial temían que ella pronto tuviera que ser trasladada a una escuela de 24 horas de residencia.

¿Bipolar u omnipotente?

Niños que presentan cortos períodos de atención, una poca tolerancia al aburrimiento y son adictos a la estimulación; sea que son diagnosticados con T.D.A. /T.D.A.H. o no, serán más difícil de manejar durante la crisis de reconciliación. Su voluntad de tener sus deseos saciados será más fuertes y consecuentemente, van a empujar los límites en mayores proporciones para obtener lo que ellos quieren. Se debe esperar que las rabietas y comportamiento de estos niños sean más extremos y más prolongados de lo que se ha visto en niños en el pasado.

Más extremas y prolongadas las demandas y rabietas, más probable que los padres cedan y den al niño lo que quiere. Cuando los niños obtienen lo que quieren, su sentido de omnipotencia es fortalecido, la ansiedad se incrementa y las pataletas se desarrollan en su complejidad. El ciclo se alimenta e impedirá indefinidamente, la transición de omnipotencia a interdependencia.

Mientras el comportamiento de los niños se vuelve más extremo; es más y más difícil para los padres y profesionales observar esa conducta como normal y es más probable que ellos atribuyan esto a una disfunción neurológica.

Creo que el aumento de cuarenta veces en el diagnóstico de bipolaridad en los niños, en los últimos diez años, es una manifestación del ciclo antes mencionado. Este ciclo es agravado por el cambio cultural del que hablamos, así como los métodos inefectivos abordados. Hablaré de todo esto en las páginas que siguen.

Los doctores y las investigaciones que diagnostican niños con T.D.A./T.D.A.H. y/o desorden bipolar reconocen cuán cerca están relacionados estos dos. Entre el 57% y 98% de niños diagnosticados con desorden bipolar, también se pensaba que tenían T.D.A. /T.D.A.H. y el 22% de niños diagnosticados con T.D.A. /T.D.A.H. eran diagnosticados con desorden bipolar.(1) Muchos psiquiatras también creen que una buena cantidad de niños diagnosticados con T.D.A. /T.D.A.H. están en realidad sufriendo de un desorden bipolar sin determinar.

Yo personalmente creo que muchos de los niños que ahora han sido diagnosticados con desorden bipolar infantil, así como con desorden de oposición desafiante o con trastornos emocionales; están en realidad mostrando características consistentes con una muy poderosa identidad omnipotente y con el ciclo de omnipotencia que esta auto identidad alimenta.

Esta identidad de omnipotencia fuera de control puede ser revertida, si se usa un programa que combine poderosos y consistentes límites que coincidan con la voluntad de este niño, junto con el uso de un lenguaje que le ayude a la transición a una identidad interdependiente.

Características de un niño con identidad omnipotente

Emma mostraba todas las características de una niña con una fuerte identidad omnipotente (I.O.) Mientras que un niño con I.O. continúa desarrollándose en otras áreas, su auto identidad y el marco emocional desde donde ellos se ven a sí mismos y a los demás, permanece atrapado en el estado omnipotente. Sus pataletas y manipulaciones se vuelven más fuertes y más complejas a la medida que crecen y esto hace que usen un lenguaje físico y habilidades muy desarrollados. La omnipotencia en los niños puede manifestarse en una o muchas de las características siguientes:

1 **Manipulación**: el sentimiento de Emma es que ella es más fuerte que todos los demás y por lo tanto es la que está en control, lo que aumenta su ansiedad de que el mundo a su alrededor es inseguro y lo necesita controlar. Con cada lucha de

poder exitosa, pataleta o manipulación, su talento para manipular se vuelve más fuerte y más complejo. Ella manipula compulsivamente porque le acomoda el saber que puede controlar las cosas. Sin embargo, cada manipulación exitosa, o convencía a su consejera que Emma estaba demasiado cansada para las matemáticas o creaba una tensión tal que la profesora decide ignorarla en lugar de insistir que trabaje con el resto de la clase. Entonces el sentido de omnipotencia de Emma aumenta y también la ansiedad de vivir en un mundo donde solo ella está en control.

2 <u>Oposición y desafío</u>: Emma no reconoce a otros como iguales. Como el personaje de Kevin McAllister en "Mi pobre angelito" ella es la más competente que todos los demás. Como no hizo el tránsito para reconocer a otro como independiente y con poder propio, sus instintos emocionales perciben a los otros como una extensión de ella misma o simplemente como obstáculos a su omnipotente voluntad. Ella está atrapada en un emocionalmente porque se siente omnipotente, que está sola en el mundo y es responsable de mantener las cosas en control. Su oposición y desafío son otras expresiones de un niño voluntarioso cuya mano empuja adelante y dice: "Estoy acá y tengo poder. "¿Alguien más tiene un poder como el mío?". Emma está todavía tratando de ganar el reconocimiento que solamente se le da a alguien igual o tan fuerte como ella.

Debo señalar que la oposición y el desafío pueden ser agresivos o pasivos. El menor entendimiento de una oposición pasiva en el niño, incluirá: fingir una incapacidad o falta de comprensión para evitar esforzarse, salvarse de una consecuencia o controlar una situación.

3 Emocionalmente volátil: el niño con I.O. ha desarrollado la capacidad de procesar las frustraciones y decepciones y puede rápidamente soltar el llanto o montar en cólera. Esta es la clave de tres factores: Primero, el niño con I.O. ha ejercido una presión excesiva a sí mismo para controlar todo. Segundo: niños como Emma nunca hacen suficiente esfuerzo para exigir que las cosas fuera de ellos cambien (lo que se llama exteriorización) y para prepararse a lidiar con la frustración y la decepción o sea interiorización. Porque ella continúa con éxito exteriorizando dificultades, Emma consecuentemente no desarrolla los músculos emocionales para procesar dificultades y frustraciones. Por último, los arrebatos pueden haber sido reforzados porque eran maneras efectivas de manipular a los adultos y conseguir que se rindan a sus deseos. En otras palabras, la volatilidad emocional de Emma se convierte en un arma efectiva para ejercer control.

4 Incapacidad para aceptar la corrección, consecuencias o dirección: y/o su necesidad de siempre ser parte de cada desición. Una de las consecuencias de la práctica actual de dar a los niños opciones para todo, es lo que refuerza el concepto erróneo de que los niños deben tener control sobre cada decisión que los puede afectar. Consecuentemente, se sienten con derecho de discutir por cada decisión que ellos no prefieren, hasta que son o convencidos de la regla o han convencido al adulto a que cambie r la regla de acuerdo a su preferencia. ¿Porqué un niño que se siente omnipotente, recibiría una corrección, consecuencias o direcciones de parte de alguien que percibe como inferior?

5 Obsesión con que todo sea justo: Una de las dificultades que el personal de la escuela tenía con Emma era sus constantes quejas de que las cosas eran injustas. "¡Eso no es justo! "¡Hanna estaba perdiendo el tiempo también!" "¿Porqué tengo que perderme el recreo?" "Eso no es justo, ¿porqué Zach es el que borra la pizarra si lo hizo ayer?" Ese argumento de "no es justo" era una respuesta compulsiva a cualquier cosa que no le gustaba y una manipulación para obtener lo que ella quería. Ella era tan astuta encontrando fallas e inconsistencias en aquellos a su alrededor, que cuando empezaba a usar el plan de comportamiento en la escuela, se quejaba con su madre en cualquier momento que el personal no siguiera el plan al pie de la letra. "Yo no me hubiese molestado, si Felicia no hubiera dicho que estaba harta de mí. No debería decir eso a los niños. Debe ser despedida" Yo recibía llamadas de su madre exagerando lo que el personal hizo o dijo que no era perfecto y que causaba los arrebatos de Emma. Este comportamiento es la consecuencia de permitir que la niña   exteriorice sus problemas y frustraciones. La tendencia, alguna vez saludable, de que el niño busque en quien lo cuida (viéndolo como una extensión de él)   satisfacer sus necesidades y resolver sus   frustraciones (hacer todo justo) crece en una incapacidad de aceptar cualquier frustración o dificultad. Si Emma se siente frustrada o insatisfecha por alguna situación o resultado, asume que el origen del problema es externo e injusto y se debe cambiar para aliviar su malestar.

6 Tendencia perfeccionista: Emma necesita ser la mejor en deletreo de la clase para sentirse segura, y esto por su creencia de que todo está bajo su control. Ella se coloca una enorme presión a sí misma para hacer las cosas de manera perfecta. Este es el combustible de la ansiedad que viene del sentimiento de que si no controla todas las cosas, estas se pondrían fuera de control. Por el hecho de que ella les ganó la mayoría de las luchas por el poder a sus cuidadores, se percibe a sí misma no solo como la más poderosa sino como la responsable de mantener las cosas seguras y bajo control.

Con el fin de darle a Emma un giro, parar el ciclo de omnipotencia y permitir su transición a la interdependencia; establecí un programa que creaba un ambiente de apoyo, el mismo que no tuvo entre los dos y tres años de edad. Este ambiente de apoyo, sin embargo, era más fuerte y más sofisticado para lidiar con la compleja identidad omnipotente que Emma desarrolló a la edad de ocho años y su considerable inteligencia.

El programa de comportamiento que establecí entrenó a todo el personal de la escuela que interactuaba con Emma para trabajar unidos. Las acciones y el lenguaje de este personal fueron especialmente planeados. Un comportamiento inapropiado y de oposición hacía cumplir al 100% las consecuencias predecibles y el lenguaje específico usado por el personal. Siete miembros de la escuela fueron entrenados en el programa de comportamiento para Emma. Ellos ensayaban y planeaban sus funciones en conjunto y el papel que cumplían lidiando con escenarios comunes. Solo los entrenados en el programa estaban autorizados de interactuar con Emma si se ponía inapropiada o se oponía a algo.

El primer día que se estableció el programa, el comportamiento de Emma escaló a lo más severo que se había visto. Ella pasó furiosa tres horas en el salón de aislamiento. El segundo día estuvo por dos horas. Para el final de las dos semanas se pasó un promedio de menos de una hora en aislamiento y al final de diez semanas pasaba solo una hora a la semana en aislamiento. Toda violencia y comportamiento físicamente agresivo paró después de cuatro meses.

Dieciocho meses después de empezar el programa de comportamiento, Emma iba muy bien en una escuela regular pública, sin medicamentos ni tratos especiales y se mantuvo sin incidentes por casi dos años.

El programa de conducta que diseñé para Emma es el que denomino "Sistema de interacción terapéutica" (S.I.T.) Era un sistema de interacción designado a desarrollar los músculos emocionales que ella no usaba, reemplazando sus patrones perjudiciales de interacción y percepción por unos más sanos, para lograr un cambio en su propia identidad. Este programa S.I.T. puede ser designado para un simple encargado en una escuela pública o para todo personal en casos más difíciles como el de Emma.

Muchos caminos a la omnipotencia

Existen por lo menos dos maneras de que el sentido de omnipotencia de un niño puede ser reforzado y se desarrolle en un ciclo de conducta problemática alimentada por la ansiedad. Primero, un hogar normal con demasiado poder y no límites suficientes. Segundo, un hogar caótico y negligente que carece de una estructura consistente y control de los adultos. En el segundo caso, el ciclo empieza con la ansiedad que siente el niño por carecer de control y formación. El niño trata de controlar un inseguro y caótico ambiente hogareño, ejerciendo su voluntad cuando sea posible. Su omnipotencia y ansiedad crece como resultado del éxito de sus pataletas y esto alimenta su poder. Cabe señalar que el niño que desarrolla su omnipotencia en un medio ambiente negligente; es menos probable de exhibir las dos últimas cualidades de un niño omnipotente: una obsesión de que todo sea justo y tendencias perfeccionistas.

Los adultos que crían a estos niños, alimentan a menudo el ciclo de omnipotencia porque responden o con un golpe en la mano o evitando criar a la mano. El niño experimentará límites que son permisivos e indulgentes o autoritarios y de crítica. Cuando los límites son reforzados, esto es realizado con dureza, gritando, juzgando y quizás hasta golpeando "Estoy cansado de esto, pedazo de malcriado! si lo haces otra vez te golpearé en el trasero!"

Cuando este padre no es autoritario, es en cambio demasiado indulgente y permisivo porque lo cría desde la culpa y la vergüenza causadas por su negligencia e inapropiada crianza.

Cuando el padre es autoritario, el niño se siente negado o impotente. Esto le causa el actuar con el fin de experimentar un sentimiento de poder. Cuando un padre es permisivo, el niño experimenta esto como un abandono y actúa con el fin de afirmar el control. En cualquiera de estas dos situaciones el niño experimenta un mutuo reconocimiento necesario para que se sienta verdaderamente identificado, y entonces su proceder continúa.

El niño expuesto a esta clase de crianza probablemente desarrolle un ciclo de comportamiento omnipotente que crecerá más difícil y extremo. Eventualmente, este niño puede terminar siendo diagnosticado y medicado y/o enviado a una escuela especial para niños con dificultades como pasa con los que trabajo a menudo.

El primer dia de David

Recientemente, un chico de diez años llamado David, fue admitido en una de las escuelas con las que trabajo. Era delgado y un poco pequeño para su edad. Estaba bien vestido con pantalones kakis, una camisa abotonada y cinturón. Era un alegre muchacho al que le gustaba jugar a las adivinanzas y siempre quería ser el que eligiera las palabras que se debían adivinar. A la hora y media de su primer día en la escuela, se metió en una pelea con otro muchacho y cuando el personal trató de separarlos, los golpeó e insultó y tuvieron que cargarlo al salón de aislamiento mientras tiraba todo y gritaba. Una vez aislado continuaba insultando con obscenidades al personal. A pesar del esfuerzo de calmarlo, su conducta iba de mal en peor. Trató de escapar, escupió al personal y golpeó la ventana de acrílico con sus puños y zapatos. Este comportamiento continuó por dos horas, momento en que me buscaron.

Antes de ir al salón de aislamiento, conversé con el miembro del personal que ya estaba ahí. Me contó lo que había pasado y le pedí que trajera dos sillas cuando le diera una señal.

Cuando él estaba listo, entré al aislamiento y dije a David: "Necesito que te sientes acá (señalando un lugar), si no te sientas acá en cinco segundos voy a sujetarte....5...4...3....2...1" cuando conté uno David se movió al lado opuesto del que le indique que se sentara.

Esa fue la primera prueba para mí. Si le permitía que se moviera del lado opuesto, él establecería que su voluntad era más fuerte que la mía y que mi dirección era negociable. Si él conseguía ablandarme, aunque sea un poco de lo que le había indicado; sentaría un precedente en nuestra interacción. Yo sabía que necesitaba establecer un precedente, el cual era hacer exactamente lo que yo le dije que hiciera.

Cuando se sentó en la dirección opuesta, hice la señal para las dos sillas y puse a David en una, y me senté detrás de él como retención. Él se resistió a ser sentado y me pateó e insultó. Inicialmente gritaba obscenidades y amenazas "Voy a matarte pedazo de hijo de…" "Voy a apuñalarte en la cabeza si no me sueltas hijo de …."

Estas amenazas duraron un par de minutos mientras tiraba todo alrededor de la silla.

En un momento de silencio que estaba tomando para respirar le dije:
"Cuando estés quieto te diré lo que necesito de ti, si quieres que te suelte" Creo que ni terminé de decir la frase cuando empezó a patear y a insultar de nuevo.

Después de esto, el niño empezó a llorar, agitando la cabeza y gritando:
"¡Me estás lastimando! ¡No puedo respirar! ¡Déjame! ¡Me estás matando!"

Sus ojos se tornaron rojos y gritaba histéricamente: "¡Déjame ir! ¡Me duele! ¡Me duele! ¡No puedo respirar! ¡Me estás apretando muy fuerte! ¡No puedo respirar! ¡Déjame ir!"

Yo chequeaba como lo sostenía para darle suficiente espacio para respirar y notaba que cada vez que lo soltaba un poco, él se retorcía y me jalaba vigorosamente. Le dije: "Si jalas y tratas de patearme, te voy a sostener más fuerte" y "No puedo dejarte ir hasta que pares la pataleta y sigas mis direcciones", de nuevo, antes que termine la frase él estaba gritando. Esta vez exclamó: "¡No puedo parar hasta que me dejes ir! ¡Déjame ir hijo de….!"

A este punto de la pataleta, yo necesitaba llamar a mi convicción y confianza. Y aunque he pasado por esta clase de rabietas cientos de veces con diferentes niños, la primera vez que tengo que contener a un niño nunca es fácil. Es sólo a través de toparse con una voluntad inquebrantable y más fuerte que la suya, que David podrá hacer el tránsito fuera de la omnipotencia. Si yo cedo, hago un acuerdo o negocio con él, no aprenderá a usar sus músculos emocionales de autocontrol que yo sé que posee. En un sentido, le estoy dando más respeto del que jamás ha tenido antes porque estoy comunicándome con él a través de mis acciones. Acciones que asumo él puede controlar por sí mismo, ya que no está impedido o con alguna incapacidad.

Sé que si le espero, si me mantengo calmado, si puedo seguir usando un lenguaje que le permita saber que confío en que puede controlarse; podrá sacarse de la rabieta cuando esté listo y ejercitará un autocontrol. Todo esto lo hago, no porque me la dificultad me llevó, sino porque tomé la decisión de hacerlo.

Al establecer y mantener un límite, incluso en medio de su pataleta, mientras simultáneamente se usa el lenguaje de no-juicio que afirme su poder independiente para elegir sus acciones; estoy guiándolo al mutuo reconocimiento.

Su rabieta continua y David empieza a tratar de negociar, "Mira déjame ir y seguiré tus direcciones" "¿Qué diablos pasa contigo?
¡Alguien ayúdeme! ¡Este no me deja ir! ¡Me está lastimando!"
Sus gritos y llanto continúan, así como sus intentos de soltarse. Sus berrinches vienen en olas de ira, amenazas y súplicas, pidiendo compasión y llorando histéricamente.

A estas alturas, su rabieta ha durado como 20 minutos y alguien del personal entra al salón (era un empleado nuevo) y observa todo asustado. Le digo: "Este chico probablemente ha tenido estas rabietas cientos de veces y cada una de esas veces ha continuado hasta que el adulto cede o renuncia a mantener el límite. Pero hoy eso no va a pasar. Hoy él ejercitará su autocontrol"

En ese momento de mi intervención lo más importante para mí es retenerlo calmadamente y esperar. Cada dos minutos cuando David se calmaba por un momento, yo le diría en calmada y casi desinteresada voz: "Avísame cuando hayas terminado con tu rabieta y te diré cómo es que puedes regresar a tu clase"

Yo sé que un chico que está teniendo una rabieta así, está acostumbrado a que alguien lo trate de disuadir o de calmarlo. Esto usualmente conlleva a decirle que tome aliento y tranquilizarlo con que todo estará bien. Algunas veces también esto incluye ayudar a procesar qué es lo que está pasando, hacer algunas concesiones o negociar con él.

En algunos escenarios, hasta un terapista tendrá que llevárselo a jugar o a dibujar para calmarlo. Pero creo que cualquiera de estas "soluciones" mientras ayuden, tal vez, a cortar la rabieta, prolongarán el problema inevitablemente y alimentarán la raíz de esto.

Uno de los más importantes cambios que debe ocurrir con el fin de que el niño salga del estado de omnipotencia y pase a la interdependencia; es que aprenda el proceso interno de frustraciones y dificultades. Para que esto pase, los adultos deben dejar que el niño mantenga estas luchas por ellos mismos. Un niño que está aún en omnipotencia después de la edad de 4 años, probablemente aprendió que los adultos procesarán y algunas veces hasta eliminarán los conflictos en lugar de él.

El problema que tengo con que se pare una rabieta calmando al niño, es que se le niega la oportunidad de hacerlo por sí mismo.

David estaba atrapado en un laberinto y yo necesitaba dejarlo encontrar su camino a estar libre por sí mismo. Si yo intervenía y le mostraba la manera, él esperaría lo mismo la siguiente vez. Si él podía conseguir que otros lidiaran sus conflictos y frustraciones, esto inevitablemente alimentaría su sentido de omnipotencia.

Desde la primera interacción que tuve con un niño, quiero que mis acciones y no acciones   les comuniquen: "Tu eres enteramente responsable y completamente capaz de controlarte y calmarte a ti mismo. Y te esperaré todo el tiempo que tome hacerlo"

David estaba aún agitado y gritando después de 30 minutos, por lo que mis manos y piernas empezaban a irritarse en este punto. Si la rabieta continuaba por más de un ahora yo dejaría que otro miembro del personal tomará mi turno para retenerlo. Después de 45 minutos, el chico paró de resistirse, se sentó calmadamente y empezó a hacerme caso. Le dije: "Necesito que te sientes calmado sin resistencia mientras te retengo por cinco minutos. Después de esto, te sentarás sin que yo tenga que contenerte, ¿entendiste? David movió la cabeza afirmativamente "Necesito escuchar tus palabras. Entiendo" dijo.

En este punto yo continuaba reteniendo sus muñecas pero soltaba sus brazos y le dije: "Hay cuatro pasos que necesito que des para regresar a tu clase. Primero, te sentarás por cinco minutos mientras te retengo. Segundo, te sentarás por cinco minutos solo. Tercero, irás fuera del salón de aislamiento y te sentarás quieto. Y cuarto, has cinco minutos de trabajo en clase para que les muestres que estás listo para regresar. Si en cualquiera de estos puntos no sigues las direcciones o eres irrespetuoso, entonces comenzaras los cuatros pasos desde el principio. Entendiste?" , y el niño respondió "Si". Luego de que nos sentamos en silencio por cinco minutos, le dije: ""Ok, tus primeros cinco minutos han finalizado, entonces si estás listo te dejaré sentarte sin retenerte por otros cinco minutos. ¿Estás listo? Me dijo: "Lo estoy" entonces lo dejé sentarse quieto.

Los pasos de sentarse calmadamente son importantes porque desarrollan sólo los músculos emocionales que él no usaba y que resultaban en llevarlo al salón de aislamiento. Yo también quería establecer el precedente que habíamos reconocido que él, en efecto, podía ejercitar su autocontrol.

Aunque puede ser emocional y físicamente cansado sostener a un niño en esta clase de rabieta, también es profundamente gratificante verlo revertir ese camino. Momentos de conflictos con los niños, son también oportunidades para una conexión profunda. Bien puede ser que yo sea el primer adulto que no ha permitido a David ganar la batalla de la omnipotencia. En su libro "Los lazos del amor", Jessica Benjamin dice: "El doloroso resultado del éxito en la batalla por la omnipotencia, es que se gana para ganar nada: el resultado es negación, vacío y aislamiento"

Cuando he esperado el tiempo necesario para que un niño me reconozca completamente, y reconozca al límite que he establecido; le he comunicado, quizás por primera vez, que no está solo. El constante "temor al vacío y a perder la conexión que acompaña a este temeroso poder" es revelado al último. Su mundo (del niño), inesperadamente se torna un poco más seguro, su ansiedad se desvanece y empieza a sentir un nuevo sentido de conexión con otros.

Quizás porque David pasó por todo esto en su primer día de escuela, nunca más necesitará ser llevado al salón de aislamiento. Aunque aún es bastante negativo y durante el siguiente mes o dos ha tenido algunas explosiones que lo han llevado a la penitencia; nunca ha sido retenido físicamente de nuevo (el necesitó ser contenido físicamente durante los cinco años previos). Su profesora tiene un consistente protocolo usando los principios de este libro y David se adaptó rápidamente y estaba mejorando. Unas semanas después me pidió que le enseñara a jugar ajedrez en sus recreos, lo cual hice.

En mi experiencia, es inusual que un niño pare completamente sus pataletas después de experimentar lo que les he relatado. La mayoría de los niños que tienen rabietas tan violentas como la de David, requieren más de una intervención física. El resultado más típico es que las rabietas se desvanecen gradualmente durante los subsecuentes días o semanas.

¿Retenerlos ahora o retenerlos después?

Aunque la necesidad de regularmente restringir físicamente a un niño por el curso de varios días, semanas o meses puede ser cruel, debe compararse con la práctica, más común, de medicar a los niños. Las drogas usadas para tratar a niños con severos problemas de conducta y diagnosticados con desorden bipolar, oposición desafiante o emocionalmente perturbados, son típicamente tres tipos: estabilizadores de ánimo, anticonvulsivos y antipsicóticos. Algunos de los efectos secundarios de estos medicamentos incluyen: sedación, babeo, habla y pensamiento lentos, fatiga, tremores, somnolencia, mareos y subida de peso.

Aunque algunos de estos efectos evitan el restringir físicamente a un niño, nuestra cultura parece haber aceptado completamente el uso de químicos para manejar el comportamiento del niño. Mientras que el restringir físicamente a un niño jamás debe ser usado como penitencia, es una necesaria y compasiva parte del plan de terapia de intervención para un niño de comportamiento violento y/o agresivo.

Si los padres usan el enfoque de crianza de "encuentra la mano" con sus niños y mantienen firmes límites, aún si esto significa retener a su hijo empezando desde pequeño, no será necesario restringirlo físicamente después. El mayor tiempo que un padre espera para establecer y mantener firmes límites, más grande la posibilidad de que el niño desarrolle de más un sentido de omnipotencia. Si los padres esperan hasta que el niño cumpla cuatro, cinco o seis años, para firmemente establecer límites, el sentido de omnipotencia estará tan fuerte que parecerá que la única manera de ser manejado es con medicamentos.

El poder de no hacer nada

Uno de los más poderosos instintos que llevo a mi trabajo con niños es la capacidad de mantenerme calmado y no hacer nada. No me malentiendan. Puedo estar reteniendo al niño en ese momento, o puede que él esté sentado en penitencia sabiendo que no puede salir hasta que se calme, pero lo más importante que estoy haciendo en ese momento es: nada. Es sólo cuando estoy haciendo nada que el niño desarrolla los músculos necesarios para lidiar con sus dificultades internamente. Cuando estoy calmado y relajado mientras ellos luchan, ellos lentamente desarrollan la capacidad de reflejar esas emociones cuando en el futuro se enfrenten a estas cosas.

Permanecer calmado, relajado y haciendo nada, comunica algo mucho más poderoso que hablar o darle algo para suavizarlos. Comunica confianza y expectativa de que el niño puede y navegará su camino a través de las dificultades y frustraciones que está experimentando. Yo no puedo contar el número de veces que he sido llamado para ayudar en un caso particularmente difícil, sólo para encontrarme que cuando el niño alcanza el momento crítico de su rabieta y/o dificultad, alguien siempre llega y quita lo que molesta al niño para calmarlo. Consecuentemente, el niño nunca aprenderá a calmarse por sí mismo y el problema de conducta continúa.

Por ejemplo, cuando Sarah se volvía agresiva y fuera de control, el personal de crisis la llevaría al cuarto de penitencia para calmarla. Usualmente una estadía en ese cuarto requiere que el estudiante se siente quieto y siga las direcciones del personal por cinco minutos antes de retornar a la clase. Pero si Sarah grita y reclama ser liberada de la penitencia por mucho tiempo, se llama a su consejera y es llevada a caminar fuera de la escuela para calmarla antes de volver a clase; el límite o regla de sentarse y seguir direcciones no ha sido mantenido.

Esta es la extensión de lo que Jessica Benjamin denominó la incapacidad de que tu niño tenga "la habilidad de sobrevivir al conflicto, pérdida o imperfección". Excepto que en lugar de esta falta de confianza, es la lucha de una madre solitaria, lo que se ha convertido en una opinión predominante en nuestra cultura.

Los padres están rodeados de un mercado que les dice que sus hijos están en continuo peligro de desarrollar un defecto a menos que los padres atiendan todas sus necesidades.

El niño con problemas de comportamiento, el de espectro autista, el con T.D.A.H y el opositor desafiante, todos pondrán a prueba los límites de la confianza en su habilidad de sobrevivir un conflicto, pérdida e imperfección. Porque estos niños están llenos con un sentido de su propia omnipotencia, ellos son más voluntariosos que los niños que vinieron antes y pasarán por más grandes y extremas luchas para ganar el poder. La solución es cambiar nuestra confianza y expectativas. Puede que nuestros padres solamente tuvieron que esperar una rabieta que duró cinco minutos y nosotros esperaremos veinte minutos, pero debemos esperar.

Lo más importante que los padres deben recordar es que hasta los niños sin características de ser voluntariosos, impulsados por la estimulación u opositores, van a tener una más difícil crisis de reconocimiento que niños de hace treinta o cuarenta años atrás.

No llenar el vacío

Nosotros queremos crear un espacio que esté estructurado y controlado por los adultos, en el cual un niño puede procesarse a sí mismo a través de las dificultades y desarrollar y ejercitar una autorregulación. Permitir a las consecuencias de sus decisiones (penitencias, eliminación de los estímulos, y negativa de los adultos de dar mucha atención/reforzar sus rabietas) darle forma a su comportamiento y elecciones.

Cuando se guía a un niño a través de una pataleta o frustración, es el momento en que el niño no sabe qué hacer o cómo resolver el problema. Esto es vacío, un espacio vacío, que el adulto debe resistirse a llenar. Estos momentos requieren espera y confianza. Espera de que el niño llene ese vacío y confianza en que el niño puede y sobrevivirá este momento de frustración y confusión. El llenar este vació para el niño y resolver el problema que el niño debería solucionar dándole tiempo y confianza, es robarle el momento creativo en el cual llenará el vacío el mismo y descubrirá su poder real. Su confianza y calma durante los momentos en que su niño se enfrenta a este vacío, se volverá el modelo de paz que el niño incorporará cuando enfrente dificultades, frustraciones y su propia imperfección en el futuro.

Notes

1. Rif S. El-Mallakh y S. Nassir Ghaemi, "Depresión Bipolar: Una guía comprensiva" (Publicación de Psiquiatría americana, 2006), 108

CAPITULO 6

EL LENGUAJE DE LOS LEONES

Recientemente, una maestra de tercer grado, Stacy, pidió mi opinión sobre algo que le sucedió, quería saber si había sido demasiado dura con uno de sus alumnos. Me contó que estaba dando su clase, cuando uno de los niños, llamado Jeremy, pidió permiso para hacer una pregunta que no tenía relación con lo que estaban estudiando en ese momento. "Tu pregunta no es de lo que estamos hablando, por lo que no la contestaré ahora" le respondió. Minutos más tarde Jeremy volvió a preguntar algo no relacionado con el tema de la clase y Stacy nuevamente le respondió lo mismo. La tercera vez que el niño insistió de nuevo, la maestra, ya sin paciencia, lo reprendió frente a toda la clase: "Es una falta de respeto interrumpir la clase con preguntas que no tienen ninguna relación con lo que estamos estudiando Jeremy y no lo aprecio". Se podía escuchar las risitas de otros niños, y aunque Jeremy se veía algo avergonzado, parecía estar divertido con lo que pasaba. Acabada su historia, le pregunté, "¿Tú crees que Jeremy sabía que no estaba dentro del tema, la primera vez que te preguntó?" Stacy me respondió, "Yo creo que sí sabía. La segunda vez, definitivamente sabía. Ese niño es muy astuto".

Luego le pregunté, "¿Crees que sabía que era una falta de respeto el que te siguiera interrumpiendo con esas preguntas?" "Si, creo que sabía que era falta de respeto, pero no le importó, pensaba que era divertido"

113

El mito de no saber

Existe el mito de que si el niño se porta mal, es porque no sabe cómo comportarse, y como resultado cuando lo hace, los padres le explican cosas que él ya conoce. Pero explicarle al niño algo que ya conoce, o hablarle de una manera en que lo deduce, lo llevará a desarrollar una dinámica de comunicación disfuncional, alimentará su omnipotencia y creará manipulación.

Cuando empecé a trabajar con niños era testigo de la dinámica entre los maestros y los alumnos en la clase y la de los padres e hijos en casa. Los adultos constantemente repetían las reglas y los límites que los niños ya conocían. En el transcurso de algunos años, fui capaz de romper con estas dinámicas con el fin de revertirlas y crear interacciones más motivadoras. Si se presta atención a lo que se dice en clase o en casa, podemos dividir el comportamiento inapropiado en tres tipos, y las respuestas a esta conducta en 5 tipos. Los tres tipos de comportamiento son benigno, maligno e impulsivo.

Conducta benigna - Mia, de cinco años, sale de la clase para ir al baño sin avisarle a nadie, porque no conoce las reglas. La conducta benigna ocurre cuando el niño no entiende que ese comportamiento no es aceptable (intención positiva).

Conducta maligna - Tony, de ocho años, le tira un avión de papel a su compañero mientras la maestra está de espaldas. La conducta maligna ocurre cuando el niño entiende, o puede fácilmente darse cuenta que no es aceptable (intención negativa).

Conducta impulsiva - Un alumno responde a una pregunta del maestro sin levantar la mano, excitado porque sabe la respuesta. La conducta impulsiva ocurre como reacción a algo o por impulso, el niño sabe que no es aceptable, pero actúa sin tiempo de pensar (sin intención).

Existen 5 tipos de respuestas a los problemas de comportamiento: informar, accionar, ignorar/acomodar, interrogación o la respuesta inapropiada.

Respuesta de información - La maestra le dice a Mia: "No está permitido dejar la clase sin permiso. Si necesitas salir debes avisarme y así yo sabré donde estás" (provee información).
Luego que Tony tira el avión de papel a su compañero, se le ordena sentarse frente a la maestra. Esta orden requiere una acción inmediata o tendrá una consecuencia (provee consecuencia)

Respuesta ignorar/acomodar - La maestra se da cuenta, por la carita de William, que él sabe que debió alzar la mano antes de dar una respuesta a la pregunta, por lo que decide no regañarlo y continúa la clase. Algunos comportamientos son menores y podemos ignorarlos, como retorcerse en el asiento, pararse o moverse, y los podemos acomodar para no perturbar o interrumpir la clase (permite el comportamiento)

Respuesta de interrogación - Dana está hablando con su amiguita Abigail mientras la maestra intenta dar la clase, entonces le dice a la niña, "Dana, ¿necesitas que te cambie de silla para que dejes de hablar?" (pide al niño que elija)

Respuesta inapropiada - "Estoy harta de decirte que te calles cuando estoy dando la clase". Existe una amplia variedad de respuestas inapropiadas a los niños que incluye gritar, insultar, usar el sarcasmo, las amenazas y las preguntas retóricas. Todas estas respuestas crean un patrón de desrrespeto y nunca deben ser utilizadas.

3 Conductas   5 Respuestas

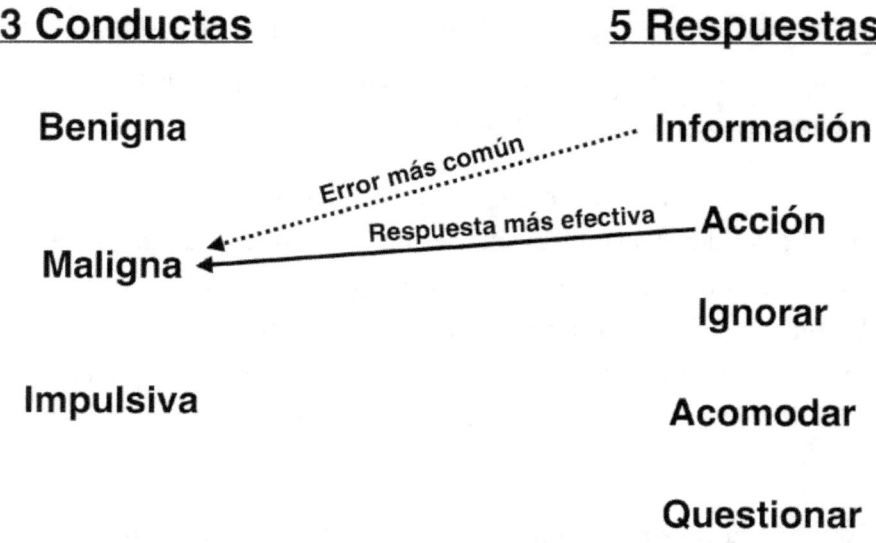

Benigna · **Información**

Error más común

Respuesta más efectiva ——— **Acción**

Maligna ◄· ·

Ignorar

Impulsiva   **Acomodar**

Questionar

Cada uno de los comportamientos antes mencionados tiene respuestas adecuadas que alimentan una sana comunicación y respuestas inadecuadas que la interrumpen.

Solo la conducta benigna necesita información

El único caso de conducta que necesita información es la benigna. Porque es la única que aparenta provenir de la falta de conocimiento. Dicho esto, podría estimar que el 1% de las conductas inapropiadas que veo en las clases son benignas. En otras palabras, el 99% de los problemas de conducta son reglas que los niños conocen y que son muy fáciles de entender, y son inapropiadas. Imagine que pudiéramos detener la acción en el momento de la mala conducta diciéndole al niño: "Te daré $100 si me dices que es lo que acabas de hacer que ha creado un problema" Es solo un ejemplo para decirles, que en mi experiencia, el 99% de las veces, con un poco de motivación, el niño sabrá o podrá darse cuenta fácilmente, que comportamiento es inadecuado.

Padres y maestros, por lo general saben cuándo el niño se da cuenta que se ha comportado de manera inadecuada. La madre de un niño de dos años me dijo recientemente: "Puedo ver en su carita que sabe que está haciendo mal, pero lo hace de todas maneras. Él sabe que está haciendo una travesura" A pesar que el niño sabe que se está comportando mal, la madre insiste el volver a decirle que fue lo que hizo mal, y esto quizás porque no sabe que más hacer. Para criar niños protagonistas de su propia enseñanza, que no esperan ser comandados, pero toman la iniciativa de aprender; debemos restringirnos de explicarles cosas que pueden aprender por sí solos.

Respondiendo a un león

Lo que le sugerí a Stacy (la maestra de Tercer Grado interrumpida por Jeremy) fue que en lugar de repetirle al niño lo que hace mal todo el tiempo y finalmente darle un sermón acerca de su irrespeto (respuesta de información); le establezca una consecuencia que le quitará toda motivación y diversión de hacerlo de nuevo (respuesta de acción). La segunda vez que el niño interrumpa (o la primera si se le convierte en hábito) le deberá pedir que se levante y se siente detrás de todos los niños en silencio. Después de algunos minutos deberá preguntarle si está listo para regresar al grupo (respuesta de interrogación) y si él responde afirmativamente, permitirle regresar a la clase sin mencionar el episodio.

Darle un sermón a Jeremy acerca de un comportamiento que él sabe que es irrespetuoso, es ser condescendiente. Adicionalmente, encuentra que la atención negativa de la maestra y la atención positiva en la risa de sus compañeros, son entretenidas. Cuando se le separa del grupo sin hablarle de su conducta, estamos quitándole la fuerza, el juzgamiento y estamos comunicándole con respeto nuestras expectativas de que utilice sus habilidades para corregirse él mismo.

Respuestas de información invitan a la discusión y manipulación

En la casa:
Mamá: "¡Daniel te he dicho que no quiero que entres a la internet si yo no estoy contigo en la habitación!"
Daniel: "Pero tú le das permiso a Michelle, ¿Porqué no a mi?!"
Mamá: "¡Tu hermana tiene diecisiete años y tú tienes nueve!"
Daniel: "Te prometo que entraré sólo a las páginas que tú apruebes"

En la clase:
Maestra: "Jimmy, pon tus manos en la mesa"
Jimmy: "¡Pero Evan se está copiando!"
Maestra: "Evan deja de copiarte de Jimmy"
Evan: "No estoy copiando, es Jimmy quien me molesta"

Cuando se le da una respuesta de información al mal comportamiento, se está invitando a la discusión y a la manipulación. Si eres el maestro, terminas perdiendo tiempo valioso de enseñanza en algo más interesante para el niño que la lección; reforzando lo negativo que es lo que él que está buscando. Es mejor mantener esta "caja de Pandora" cerrada.

Cuando se acostumbra a los niños, sea en el hogar o la clase, a cumplir pequeñas penitencias por su conducta fuera de lugar, sin entrar en una discusión de quién hizo qué; toda la manipulación, pérdidas de tiempo y actitud negativa desaparecen. Un signo seguro de que en la clase o en la casa domina un tono de irrespeto, es cuando el adulto a cargo está usando muchas indicaciones de información. Si el número de indicaciones de información, en respuesta a un inapropiado o irrespetuoso comportamiento supera el número de acciones, entonces con seguridad habrá muchos problemas de conducta. El excesivo uso de indicaciones de información es el más grande problema que observo en cuanto al fracaso en respeto y cooperación, tanto en el aula como en el hogar.

Las palabras deben vincularse a la acción

En lugar de dársela a los niños mayores y más sofisticados; debemos darle a los niños pequeños (uno, dos y tres años de edad) información acerca de las reglas que aprenden por primera vez, y es importante explicarlas. Ellos aprenderán estas reglas con profundidad cuando estén adheridas a claras consecuencias. Por otro lado, cuando el niño no conoce, o no estamos seguros de que la conoce, debemos darle una penitencia mientras le explicamos la regla de conducta. Acompáñelo a la penitencia mientras le dice por ejemplo, "Si le pegas a tu hermana tendrás que sentarte en penitencia por dos minutos"

Si se desea detener un comportamiento, como una rabieta, se le puede establecer una penitencia mientras se le explica que su

119

opción (causa) conlleva a un efecto en particular. Como en el caso de *Faith necesita una siesta* (en el capítulo 2) cuando le dije a Faith que si continuaba con la rabieta tendría que tomar una siesta. Adicionalmente, es muy importante que los padres y maestros utilicen su buen juicio cuando observen que un niño está sinceramente confundido acerca de la situación y consecuencias; y que tomen unos minutos para ayudarlo a comprender. El mayor problema en aplicar una penitencia, no es la penitencia en sí, sino el enojo y el juzgamiento emocional que por lo general acompaña. Si no hay juzgamiento unido a la penitencia, podremos manejar que el niño entienda una consecuencia como causa natural de una mala opción y no como penitencia por haber sido "malo".

El comportamiento maligno requiere acción

El comportamiento maligno debe ser respondido con acciones y, algunas veces, con una pregunta. Cuando Tony fue descubierto tirándole papeles a su compañero, fue ordenado a moverse al frente de la clase por los siguientes cinco minutos. De esta manera se aplicó un efecto negativo inmediato al problema de conducta. Dar consecuencias de acción como respuesta a los problemas de conducta maligna, hace que se llegue al centro de la comprensión de porqué es que ocurren. Es porque, a cierto nivel, estos son efectivos y le dan al niño lo que quiere. De otra manera no tendrían la motivación de existir. Quizás para Tony, tirar avioncitos de papel, es más estimulante que atender la clase. Quizás las consecuencias de ser descubierto no son tan duras, y la dinámica entre Tony y su maestra es de irrespeto. Y es posible que Tommy disfrute ser el centro de atención, inclusive si es una atención negativa.

El punto de responder a un comportamiento maligno con una acción y una consecuencia real, es el cambiar el resultado del comportamiento que le funciona al niño para obtener lo que quiere, a otro que no le funcione.

Cuando reaccionamos con enojo o juzgamiento a la conducta inapropiada, olvidamos que el niño elige esa conducta porque en algún nivel, le provee lo que él está buscando.

La información es vaga, las acciones no

La definición de conducta aceptable, cambia de clase en clase, de casa en casa y de casa a la escuela. En una clase, si Tony tira algún papel, pasará el resto del día en la dirección y una hora en detención, mientras que en otra clase, la maestra le dirá que por favor pare y seguirá con la clase. El niño aprende rápidamente que las palabras significan diferente en situaciones diferentes; y toman ese significado de las acciones que están asociadas a esas palabras.

Para conductas que los niños entienden o son muy fáciles de comprender como no aceptables, debe haber una real consecuencia que esté asociada con la acción, de otra manera los límites y reglas pierden su sentido. Las consecuencias deben ser razonables y aplicadas sin juzgamientos.

Los niños son pensadores concretos. Conceptos nobles o éticos no tienen mayor significado si no están apoyados por experiencias y hechos. Imagine que en una clase el maestro les dice a los alumnos que no está permitido hablar en clase pero no aplica ninguna consecuencia. Cada vez que repita eso a los niños, el poder de esta "regla" se debilita y pierde su efecto.

Ahora, imagine a otro maestro que no dice nada acerca de interrumpir o hablar en clase, pero cada vez que esto ocurre le aplica una penitencia de sentarse al frente por cinco minutos al alumno que interrumpe. Puede que él no ha establecido la regla de "hablar mientras yo hablo no es aceptable", pero en su clase esta regla es un hecho.

Si el niño pequeño en casa escucha demasiada información sobre qué está permitido y qué no ("Jacob no tires las aceitunas") pero no hay ninguna consecuencia unida a estas palabras, lo único que aprende es que las palabras que los adultos usan tienen interpretaciones ambiguas.

Demasiada explicación es falta de respeto

La manera que hablamos a los niños, pone mucho énfasis a la importancia de las palabras en la comunicación y muy poco en las consecuencias, de manera que los niños de hoy creen que cuando son elogiados por los maestros, es que están haciendo algo mal, no bien.

El Psicólogo Wulf-Uwe Meyer (un pionero en el campo sobre el efecto de los elogios) condujo una serie de estudios donde niños eran testigos de cómo otros eran elogiados. De acuerdo a sus resultados, Meyer encontró que a la edad de 12 años, los niños creen que el recibir un elogio no es significado de haber hecho algo bien, sino más bien un signo de inhabilidad que el maestro piensa que necesita una estimulación extra.

Mientras la dinámica de comunicación es compleja, el "qué hacer" es muy simple. Utilice respuestas de acción en el 99% de los casos y deje de explicarle al niño que hizo mal. Las dudas que tienen los padres en imponer consecuencias es que no desean ser injustos ni duros. Pero si aprendemos a dar consecuencias efectivas, nada de esto será un problema.

La pandilla de Gavin

Una tarde me encontraba en el centro de recreo de una escuela media visitando a un asistente que entrené en el pasado, cuando noté a un estudiante molestando a los demás. Este chico, seguido por dos de sus amigos, caminó al centro de un grupo que jugaba baloncesto, les quitó la pelota y de una patada la echó lejos. Cuando uno de los niños se quejó, él lo encaró poniéndole el pecho y empujándolo, para después pegarle en la nuca a otro niño instándole a que pelee (conducta maligna) Mientras seguía en sus peleas, le pregunté al asistente si sabía quién era el chico. Me respondió que su nombre era Gavin, uno que siempre andaba buscando líos y que los demás estudiantes le temían.

Me acerqué a él y le dije, "Tienes que tomar asiento alejado por cinco minutos" (respuesta acción), me miró desdeñoso y replicó con malas palabras y un "¡yo no te conozco!" y se alejaba.

Le insistí: "Ahora tienes un problema de cinco minutos, pero si no te sientas tendrás uno mucho más grande"

Se dio vuelta y se dirigió al sitio que le indiqué preguntándome "¿Qué hice? "¡Dime por lo menos que fue lo que hice mal!"

Entonces le expliqué, "Ok, te diré lo que hiciste mal, pero te costará otros quince minutos de penitencia porque no me gusta perder el tiempo. Entonces puedo decirte lo que hiciste y te sientas por 20 minutos o te sientas solamente por cinco minutos y tú me cuentas a mi lo que hiciste" (respuesta de interrogación)

"Está bien, me sentaré por cinco minutos" y se sentó.

"Regresaré cuando puedas levantarte de tu sitio" le respondí. Cinco minutos más tarde me le acerqué preguntándole,

123

"¿Porqué crees que te puse en penitencia?" (Respuesta interrogación)

Me miró

"Debe haber sido porque le pegué al niño en la nuca"

"¿Qué más?" le pregunté (respuesta-pregunta)

Pensándolo un momento, "porque les patee la pelota de baloncesto"

"Qué más" (respuesta-pregunta)

"Bueno…. no se……..no puedo imaginarme ninguna otra cosa"

"Creo que es suficiente. Puedes irte" le ordené (respuesta acción)

Gavin se levantó y se instaló con sus amigos en el lado opuesto del campo de recreación.

La razón de los cinco minutos de penitencia no fue punitiva, fue más bien disuasiva. Yo no estaba interesado en castigarlo sino en que no lo volviera a hacer. Si volviera a hacerlo lo pondría en una penitencia aún mayor. Y si su comportamiento no cambiaba completamente, se incrementarían las consecuencias hasta que fuera suficiente y detuviera esa conducta. Si desde el principio Gavin no hubiese obedecido y se hubiera alejado, lo hubiese llevado a la oficina del director para establecer una penitencia de una hora. De este modo era muy probable que la próxima vez obedezca sin reclamar.

Encontrando la mano de Gavin

Podemos entender mi interacción con Gavin desde la perspectiva de "encontrar la mano". Gavin se había convertido en un experto en establecer las dinámicas que eran, o esquivar la mano (permisiva) o aplastar la mano (autoritaria). Cuando los maestros evitaban confrontarlo por ser demasiado travieso o le

124

permitían ofrecer alguna excusa y disculparse por su conducta, estaban practicando la estrategia de "evitar la mano". Cuando finalmente lo confrontaban, esto usualmente iba acompañado de un enojado sermón y consecuencias demasiados fuertes, por lo tanto estaban practicando la estrategia de "aplastar la mano" del niño en crianza.

Creo que el enojo que lleva a Gavin a maltratar a otros niños, es el resultado, en parte, del aislamiento que siente por no enfrentar su firme deseo con el firme deseo de otros. Este niño desea sentir la conexión que sólo existe en la interacción de "encontrar la mano". Necesita de alguien que establezca límites razonables firmemente y sin condescendencia ni falta de respeto. En conclusión, necesita la conexión que ocurre cuando un deseo es opuesto al de otro de una forma respetable: "encontrar la mano"

"Bullying" (acoso) en la escuela

El 14 de enero del 2010, Phoebe Prince de 15 años se suicidó luego de sufrir durante meses el acoso permanente (bullying) de sus compañeros de clase. Este es el desenlace de varios incidentes de este tipo que prevalece en las escuelas públicas.

El continuo incremento en la frecuencia e intensidad de estos actos es el resultado de varias cosas. Primero, existe un cambio cultural en los jóvenes de hoy hacia sentimientos de omnipotencia (fuerte reconocimiento del yo y débil reconocimiento de los demás) que en niños en el pasado. Una de las consecuencias es que prefieren satisfacer sus propios deseos que los deseos de los demás. La combinación de la poca capacidad para la intimidación (debido al poco y sano reconocimiento mutuo) y el deseo del niño de tener poder y status social, trae como resultado el que muchos más niños prefieran ser crueles para impresionar a los demás y pertenecer a determinado grupo.

El segundo problema, es asumir que los "matones" actúan de un modo cruel e inapropiado porque no entienden intelectualmente la diferencia entre lo bueno y lo malo. Nosotros respondemos al "bullying" con palabras, y cuando la situación se vuelve fuera de control, enviamos a especialistas y terapeutas a las aulas para que hablen del tema y del porqué esta mal. Los "bullies" (matoncitos) no desconocen el entendimiento de porqué sus acciones no son correctas. La verdad es que actúan así porque les da, en cierto nivel, el poder social que tanto desean. Si respondemos a estos ataques rápidamente, con consecuencias tan fuertes que reduzcan su poder social en lugar de más palabras, el "bullying" se detendrá. El querer moralizar con los "bullies", solamente abre más la brecha entre nosotros y ellos y fomenta un efecto "positivo" a su poder social entre sus amigos.

Para poder detener el "bullying" es necesario responder con consecuencias de acción que remuevan este impulso (acosar) en cuanto aparezcan las primeras señales. Si esto se efectúa de manera consistente y rápida, la cultura del "bullying" no tendrá oportunidad de echar raíces y crecer. Sin mencionar el que crezca a los niveles que estamos observando actualmente en las escuelas.

Versión corta: Responda al acoso ("bullying") con más acción y menos palabras.

Quince reglas

Me estremece cada vez que visito una clase donde los estudiantes pretenden que si el maestro no ha restringido un específico tipo de comportamiento, significa que no serán culpados por una determinada conducta inapropiada. Generalmente estas clases tienen colgadas en la pared las quince reglas que en la realidad son simplemente sentido común ("no agredir a los demás, no insultar, no salir de clase sin permiso, levantar la mano antes de hablar" etc.) El efecto de señalar estas reglas es comunicar a la clase: "mis expectativas acerca de sus habilidades son bastante pobres" o es como decirles "creo que mis estudiantes no tienen sentido común, por lo que deben actuar de acuerdo a estas reglas" Inevitablemente, estas clases serán difíciles de manejar.

¿Quién entiende estas reglas?

Yo prefiero ni mencionar las expectativas y reglas de la clase. Cuando un comportamiento inapropiado ocurre, lo que hago es dar una corta consecuencia sin prejuicio, que debe ser acatada al 100% en todos los casos. Por ejemplo, el primer día de clases un estudiante le tira un papel a otro (conducta maligna), yo le digo, "Marlon, levántate de tu asiento por favor" (Respuesta de acción)

"¿Qué?"

"Deja tus cosas y levántate"

"¿Qué es lo que hice?" mientras se pone de pie

"No te preocupes, no estás en problemas, Pero necesito que dejes tus cosas en tu sitio y que vengas a sentarte en la silla del fondo por algunos minutos. Gracias" (respuesta de acción)

Luego prosigo con la clase para después de unos minutos acercarme a Marlon y preguntarle, "¿estás listo para regresar a tu sitio?" (Respuesta de interrogación)

"Si"

"Entonces puedes regresar a tu asiento" (respuesta de acción)

Lo que este diálogo comunica al alumno es "eres lo suficientemente inteligente para darte cuenta y entender las reglas de la clase. Tengo alta expectativa en tus habilidades. Si haces algo que yo no apruebe, no voy a juzgarte ni darte una lección, en su lugar tendrás una pequeña consecuencia, y así aprenderás a corregir tu conducta" En muy poco tiempo la clase asumirá una conducta de respeto. El maestro toma la responsabilidad de imponer y mantener los límites y los alumnos toman la responsabilidad de su conducta y de lidiar con las consecuencias de sus actos.

Me gusta establecer una dinámica donde los niños estén todo el tiempo alertas. Donde entiendan que se espera de ellos que comprendan las reglas por sí mismos. Si algo en esto los frustra, es mi oportunidad para dirigirlos con calma fuera de su frustración y hacerles entender que tengo fe en ellos y que está bien que luchen y que fallen.

En este mundo donde a los niños se les trata de manera condescendiente todo el tiempo, mis alumnos se adecuan rápidamente y encuentran esta dinámica muy madura y respetable.

Las consecuencias de acción requieren que el niño actúe inmediatamente. El ejemplo más común es ordenarle al niño que se cambie de asiento por unos minutos. El niño también puede mudarse a otra mesa (a la que llamo "mesa de focalización") o simplemente sentarse junto al maestro. Si están jugando fuera, la acción será simplemente ordenarle a sentarse quieto por unos minutos. En el hogar, las consecuencias de acción pueden ser apagar la TV, salir del cuarto de juegos, confiscarle el teléfono móvil o irse de penitencia por unos minutos. La consecuencia de acción interrumpe el acceso al niño a la estimulación.

Lidiar con una conducta impulsiva

La conducta impulsiva es cuando el niño hace cosas sin pensar. Gritar una respuesta y luego levantar la mano, moverse constantemente, juguetear con las manos todo el tiempo, y la imposibilidad de quedarse quieto, son ejemplos de conducta impulsiva.

Cuando respondemos a una conducta impulsiva, tenemos tres opciones. Podemos elegir acción, ignorar o acomodar. Lo primero que tenemos que preguntarnos es, "¿es esta conducta perturbadora?" Si no representa ninguna perturbación para el alumno que aprende o para sus compañeros, entonces la podemos ignorar o acomodar. Si es perturbadora, entonces podemos responder con una consecuencia de acción. Pequeñas consecuencias de acción en respuesta a conductas impulsivas que perturban, servirán para crear un poco de tensión alrededor del problema. Este resultado motivará al niño a estar más alerta y poder controlar su conducta. En teoría, lo estamos trayendo a la conciencia del reconocimiento mutuo.

Recuerdo haber entrenado a una joven maestra llamada Jackie, que estaba a cargo de un salón de tercer grado con alumnos problema. Había en la clase un niño llamado Tyler que era emocionalmente volátil y nunca se podía estar quieto. Cuando no lograba concentrarse se retorcía sin parar. En la clase de matemáticas estaba constantemente cambiando de posición en su silla. Primero se sentaba sobre una de sus piernas, las cambiaba, luego las cruzaba o balanceaba la silla en una o dos patas.

El constante moverse de Tyler perturbaba a Jackie, quien le repetía, una y otra vez, que se quedara quieto. Cuantos más comentarios la maestra le hacía, más se irritaba el niño y para cuando la clase terminaba (si todavía el niño permanecía en ella) ambos estaban muy enojados el uno con el otro. Muy a menudo Tyler se enfadaba tanto que perdía toda intención de participar en la clase, al punto de ignorarla por completo. Esta situación causaba otros problemas, por lo que Jackie ocupaba tiempo valioso intentando que él participara en clase.

Le dije a Jackie que esta era una batalla que ella no necesitaba pelear. Aunque los constantes movimientos de Tyler parecían impropios durante la clase, estos no perturbaban a sus compañeros ni causaban ningún problema. Él se veía apto de participar de la clase a pesar de sus movimientos y nadie, excepto la maestra, se mostraba molesto por eso. La conducta de Tyler podía ser tranquilamente ignorada o acomodada. Jackie podía ignorarlo y continuar con la clase, o simplemente ubicarlo detrás de los demás niños para que no molestara.

Al día siguiente, Jackie ignoró a Tyler retorciéndose y continuó con la clase sin comentarios. Pese a sus constantes cambios de posición, el niño escuchaba la clase, permanecía atento, participaba y hacía su tarea. Cuando terminó la clase, Tyler había terminado todos sus deberes, fue respetuoso y estaba de buen humor. Jackie también estaba relajada y contenta por no haber interrumpido la clase tratando de parar al niño.

Llamé a Jackie dos semanas más tarde y me contó que Tyler estaba mucho mejor en la clase de matemáticas, participaba, terminaba su tarea a tiempo y se comunicaba de manera más respetuosa. El rendimiento de Tyler mejoró mientras transcurría toda la clase, y todo eso una vez que la maestra ignoró o acomodó la conducta que no necesitaba ser corregida y aprendió a responder con acción y sin consecuencias de información a la conducta disruptiva.

Muchos padres y maestros se esfuerzan en lidiar con conductas impulsivas. La habilidad para discernir entre conductas simplemente inusuales y las que son claramente disruptivas o malignas, es esencial para poder lidiar efectivamente con ellas. El padre o maestro que sabe cuáles comportamientos llevan una consecuencia y cuáles deben ser ignorados, y reacciona a ambos sin ningún juzgamiento, desarrollará una sana y respetuosa relación con estos niños.

Un paso adelante: acomodación creativa

Una maestra de sexto grado de Minnesota llamada Abby Brown diseñó un escritorio ajustable para acomodar las preferencias de cada estudiante. En lugar de insistir en que los alumnos permanezcan sentados, ella les permite ponerse de pie y moverse. El escritorio incluye apoyapiés que se balancean y asientos que permiten pararse o sentarse según el deseo de cada uno. Tanto los alumnos como la maestra coinciden en que estos escritorios los ayudan a mantener la concentración.

"A veces cuando estoy cansado me siento, pero la mayoría del tiempo me la paso parado" comenta Nick de once años.

"Al menos puedo retorcerme cuando quiero" dice Sara de doce.

Maestros en Minnesota y Wisconsin saben por experiencia que estos escritorios brindan a los niños más de la flexibilidad que necesitan para gastar energía y al mismo tiempo, concentrarse mejor en las tareas que en intentar quedarse quietos. (New York Times, Susan Saulny, Feb. 24, 2009)

Amor es nunca pedirles que digan lo siento

La mayoría de los padres y maestros ordenan al niño que pida disculpas por algo que ha hecho mal. Cuando un niño le pega a otro, comúnmente escucho: "¡Pídele perdón a tu hermano, no está permitido pegar, dile que estás arrepentido!" entonces este dirá tímidamente y sin real intención "lo siento". Los niños aprenden rápidamente que las disculpas son moneda barata que pueden utilizar para pagar por su impulsiva e inapropiada conducta.

Estaba en una clase de tercer grado donde había dos grupos de seis niñas cada uno haciendo la tarea de matemáticas, y escuché a una niña decirle a otra: "¡Eres tan estúpida!" "¿Porqué estás en mi grupo?!" La maestra escuchó y dijo "Abi, no se permite esa manera de hablar acá. ¿Quieres que te ponga en penitencia durante el recreo?" La niña respondió con la cabeza que no y la maestra continúa, "¿Cómo te sentirías si alguien te llama estúpida?" Nos debes una disculpa a Sophie y a mi. Yo no permito esas palabras en mi clase". Abi luego se disculpa con ambas, pero cuando la maestra se aleja, sonríe a sus compañeras y sigue con su juego.

En este ejemplo de interacción es como si la maestra le dijera a Abi, "Por haberte comportado de una manera no aceptable en la clase, debes hacer dos cosas. Primero debes mentirme y luego mentirle a la compañera que has insultado. Muy bien, ahora puedes seguir jugando"

Debemos comprender que los niños actúan desde la perspectiva de la causa y el efecto. Para los niños lo más

132

importante es el poder social, no bueno o malo, o positivo y negativo. Cuando Abi insulta a Sophie está utilizando su poder social, no actuando por un malentendido de las reglas de la clase. Abi conoce esas reglas mejor que la maestra. La maestra le permitió decir esas malas palabras, entonces la niña solo tuvo que pagar por su mala conducta en la forma de la mentira "lo siento".

No solicite una disculpa

En lugar de pedir o forzar un "lo siento", usted debe establecer una sincera disculpa. Nos sentimos obligados de obtener disculpas, gritar, probar al niño lo malo de lo bueno, porque sufrimos la desilusión de que el mundo opera con las leyes de bueno y malo, en lugar de la ley de causa y efecto.

Pedirle al niño que se disculpe como consecuencia, es otra forma de moralizar o manipular. Las consecuencias a sus acciones no necesitan que el niño se disculpe o diga que no volverá a hacerlo.   Que el niño en realidad lo sienta, tiene que ver con que si fueron motivados para esa conducta o si se sentirá motivado a volver a hacerlo otra vez. Los niños actúan basados en su propio interés. Es responsabilidad de los adultos asegurarse que los problemas de conducta no sirvan a los intereses del niño. Cuando nos aseguramos que las conductas inapropiadas no tienen recompensa, es cuando el niño dejará estas conductas de manera natural.

No lo lamento en absoluto

Una de las prácticas más parecidas a ordenarle al niño que pida disculpas, es hacerlo escribir repetidas veces la misma oración. La definición de estos "modelos" son la moral, la ética, los hábitos, etc. establecidos por la autoridad, la costumbre o un individuo como aceptables. Los maestros a menudo "castigan" a los niños haciéndoles que escriban frases como "No debo arrojar cosas en clase" unas cien veces. Una vez cuando estaba entrenando al cuerpo de disciplina de una escuela, un asistente entró con un niño llamado Devon y lo sentó en una silla mientras el niño pateaba la pared. El hombre me comentó que se negaba a escribir las frases de castigo y me mostró el papel. En letras pequeñas estaba escrito "perdón por comportarme mal" y debajo de la frase y en letras más grandes había escrito "No lo lamento en absoluto". El asistente me dijo que se le ordenó a Devon escribir la frase veinte veces.

Existen varios problemas en obligar al niño a escribir estas frases repetidamente.

Primero, opera bajo el concepto equivocado de que los estudiantes actúan porque no diferencian el bien del mal. Los estudiantes se comportan de una manera porque les funciona, por lo que cuando actuamos como si ellos no entendieran, estamos creando una dinámica condescendiente.

Segundo, las frases repetidas crean una asociación negativa con la tarea. Niños que se comportan incorrectamente tienen ya una relación negativa con la tarea y por ello actúan de esa manera. Lo último que necesitan es ser castigados con penitencias que los obliguen a sentarse y escribir muchas veces cosas que ya conocen.

Tercero, es imposible controlar o manipular a un niño para que sienta lo que nosotros queremos que sienta. Por lo menos Devon fue honesto al rehusarse a escribir lo que no sentía.

Cuarto, cuando pedimos al niño repetidamente que nos diga que esta errado, es humillante y genera una fuerte dinámica de oposición. Para un niño con dificultad para obedecer directivas, esto es como echar gasolina al fuego.

Quinto, cuando el maestro intenta dirigir al niño a que muestre sentimientos que no tiene, está evadiendo su responsabilidad. Si realmente queremos que Devon se sienta mal por lo que hizo, es cosa de los adultos darle consecuencias más duras que las recompensas y establecer penitencias que sean lo suficientemente duras que no necesiten forzar a Devon a disculparse. Devon lo sentirá solo.

El balance de la motivación

La mayoría de las respuestas de información a conductas no apropiadas son por naturaleza negativas y condescendientes. Le recuerdan al alumno que es lo que está haciendo mal. Por otro lado, pequeñas consecuencias de acción dadas sin prejuicios son, o neutrales porque no hablan del comportamiento, o positivas porque infieren una alta expectativa. Aunque las consecuencias sean difíciles, rudas o muy duras, no deben asociarse con juicios de valor acerca de que si las decisiones del niño son erróneas o correctas. Todos estos comentarios se acumulan en la mente del niño y forman la imagen de como ellos creen que los adultos los perciben. Si juntamos todos los comentarios de maestros y de padres y los agrupamos en tres diferentes categorías, positivos, negativos y neutrales; veremos que su relación con el niño es más probable una motivación negativa que positiva.

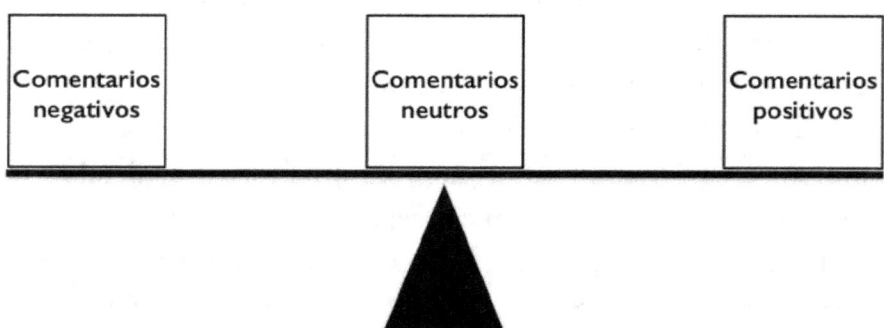

Entrenaba yo a una asistente llamada Alicia que estaba trabajando con un, particularmente difícil, niño de diez años, Peter. En la clase ella lo corregía permanentemente. Si Peter jugueteaba con algo en la carpeta, ella le decía: "Peter deja eso", treinta segundos más tarde sería "Deja de jugar con el borrador" o "Si vuelvo a decirte que empieces la tarea, te quedarás sin recreo". Esto siguió y siguió durante todo el día. Había cortos períodos en que Peter se concentraba y atendía, pero la mayoría del tiempo Alicia estaba encima de él diciéndole lo que hacía mal.

La constante barrera de comentarios negativos/correctivos se apilaban como pesas en los hombros de Peter y servían para desarrollar su imagen negativa en la clase y alimentaba su motivación para continuar con el comportamiento inapropiado.

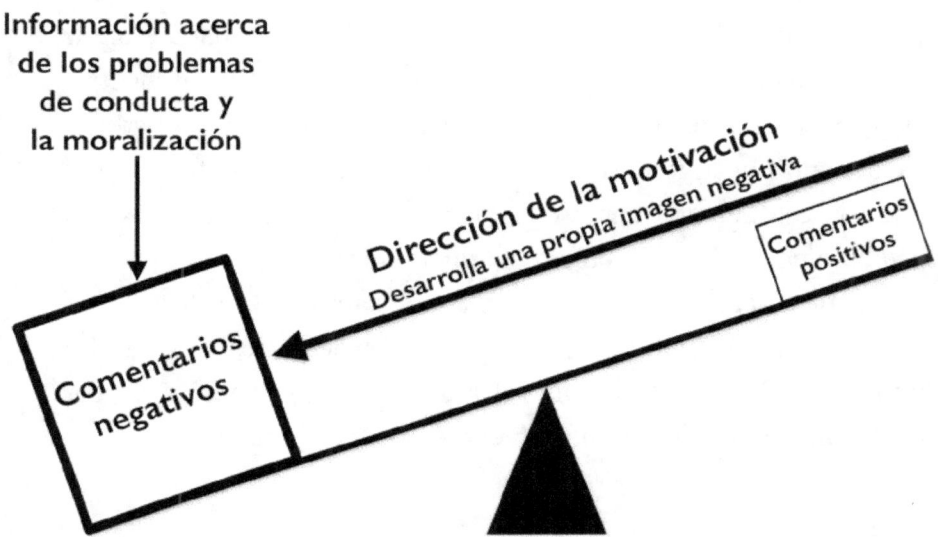

Información acerca de los problemas de conducta y la moralización

Dirección de la motivación
Desarrolla una propia imagen negativa

Comentarios positivos

Comentarios negativos

Le pedí a Alicia que pare completamente los comentarios acerca del comportamiento de Peter y que en lugar de hablar sobre su conducta, se refiriera solo a las consecuencias. Le hice entender que con cada comentario sobre el comportamiento del niño, alimentaba la dinámica disfuncional. Ella debía usar solo una de dos respuestas a la conducta inapropiada. Una vez que Alicia decidiera que la conducta debía ser llamada a la atención, ella debía responder con un "Necesitas un descanso?" o "Toma un descanso de unos minutos"

No solo le pedí que eliminara todos los comentarios y correcciones acerca de la conducta de Peter, sino también cualquier tono de juicio en su voz al hablarle.

Le dije a la maestra que debía, después de todo comentario o sugerencia a Peter, preguntarse a sí misma: "¿Se puede discernir por mi tono de voz si apruebo o desapruebo su comportamiento?" Si la respuesta era afirmativa, significaba que era potencialmente desalentadora y alimentaba la dinámica disfuncional. Si el tono de voz que se utiliza para sugerir "¿necesitas una penitencia?" transmite juzgamiento, entonces la sugerencia no es efectiva. Imagine que esto es grabado y escuchado por alguien que no estuvo en ese momento y lugar; ¿podría esa persona darse cuenta, por el tono de voz, si Alicia estaba o no de acuerdo con la conducta de Peter?

Al modificar la forma de hablar, al cambiar la información negativa en el mensaje, por sugerencias neutrales, la maestra podrá efectivamente cambiar el balance de motivación y crear un ambiente en la clase más ameno y positivo para él.

Utilizar este enfoque, fuerza al adulto a confiar únicamente en el efecto de las consecuencias para formar la conducta, en lugar de juzgar, avergonzar, alabar u otras emociones. Dejemos que las consecuencias hagan su trabajo.

Odio a los niños educados

Me encontraba en una clase de pre-escolar donde todos los niños estaban sentados en la alfombra mientras la maestra les leía.

Una niña le preguntó algo a la maestra y esta luego comentó, "¿Escucharon la manera en que Kristen me hace la pregunta? Es tan educada" "Amo a los niños educados" Inmediatamente, el niño de cinco años con el que yo estaba trabajando dijo en el mismo tono de voz alto, "Yo odio a los niños educados" La maestra estaba furiosa y yo me llevé a Jimmy afuera para que cumpliera penitencia.

Jimmy era muy travieso. Durante los primeros seis meses de pre-escolar los tres especialistas que trabajaron con él, renunciaron. El niño se escapaba, pegaba, escupía si lo tratabas de retener, no se estaba quieto, parecía siempre enojado y podía ser sarcástico e insultarte como un comediante. Pero también era tierno, articulado y gracioso, inclusive con los demás niños. Podía saber cuando no le gustaba a alguien. Pero no podía entender el porqué. Jimmy tenía un hermano tres años mayor que se portaba bien, era atlético, amable y claramente el favorito de su madre.   Posiblemente no le tomó mucho tiempo a Jimmy entender que las reglas de la casa eran similares a las de la escuela. Que si se sentaba quieto y hacía todo lo que los maestros le ordenaban, sería querido, alabado y aplaudido en todo. Pero si era impulsivo, hablaba sin permiso y no se concentraba en la clase, sería reprimido, corregido y los maestros se enojarían y estaría siempre en problemas.

Entonces si te encuentras en una situación en la que es imposible ganar, ¿Porqué no pasarla bien? Por lo menos saldrás con dignidad. Jimmy sabía que era el "chico malo". Con estas reglas y con mucho esfuerzo solo llegaría a mediocre buen niño, ¿porqué entonces no ser el mejor chico malo? Por lo menos había algo de orgullo en eso.

La identidad del niño malo

El punto en contar lo que pasa con Jimmy, es indicar que los diferentes estilos de conducción de la clase y la comunicación, juegan un papel esencial en cómo los niños se ven a sí mismos y por consecuencia, determina cómo se comportan en la escuela. El niño que tiene dificultad en sus estudios, sea por diferencias de aprendizaje o atención, es más propenso a tener una auto-identidad negativa en la escuela. Por ejemplo, un niño que no tiene problemas de concentración en actividades que requieran construir algo o moverse, pero sí en actividades donde tenga que sentarse y enfocarse; es más seguro de recibir una respuesta negativa sobre su participación en la escuela. "Mia siéntate y presta atención" "Mia espera que te llame" "Mia deja los cubos y busca un libro!"

Observe a los niños en una clase y haga cuentas de todas las veces que reciben comentarios correctivos y críticos versus los comentarios de alabanza por lo que están haciendo. Si una niña recibe un promedio de 90 comentarios negativos por 10 positivos, ella tendrá una imagen negativa de sí misma en la clase. Inclusive si el maestro se esmera en alabarla, la niña empezará a aprender que lo que hace es mayormente incorrecto. Y si esta situación continúa, Mia creerá que es la "chica mala" de la escuela.

Esta auto-identidad negativa puede llevar al niño a renunciar a la aprobación y aceptar su rol de niño malo de la clase. Cuando llegué a la clase de Jimmy, él tenía tantos comportamientos impulsivos y destructivos que la maestra lo corregía y criticaba a cada minuto. La autoimagen negativa del niño era tan fuerte, que se identificaba con los villanos no con los héroes. Le gustaba ser el que perseguía, se enfrentaba con cinco o diez niños y le deleitaba inspirar miedo a los demás. En los juegos del recreo, Jimmy pedía ser el villano como el tirano *Darth Vader* o el diabólico *Megatron*. Los villanos de las películas personifican a individuos con poderosas identidades omnipotentes, se ven solitarios, superiores a los demás y desean el completo control sobre todo.

Modificando la identidad

Uno de los mayores desafíos de los maestros y especialistas en conducta que trabajan con niños con problemas de comportamiento, es revertir la auto-identidad negativa que el niño ha desarrollado en la escuela. No es difícil observar como un patrón negativo es establecido, se alimenta y crece por sí mismo. El niño no se desempeña bien en la escuela. La mayoría de mensajes que recibe con correctivos y el niño se desanima y se rebela. Se pone agresivo y se porta peor. El maestro se irrita y reacciona más emocionalmente, lo que alimenta la conducta negativa.

Revertir esta dinámica puede ser bastante difícil. El maestro o asistente que trabajan con esta clase de niños deben sobreponerse a una situación donde la conducta de la mayoría es negativa y perturbadora. Por ejemplo, si el 90% de la conducta es inapropiada y necesita corregirse, mientras que solo el 10% es apropiada, cómo se puede establecer una reacción positiva y motivadora sin ignorar todos las conductas y sentar un precedente de "no límites"?

Ya hemos visto que es usual que el maestro o asistente provea un 90% de mensajes negativos o correctores y solo un 10% afirmativos y positivos y que por lo tanto el niño es negativamente motivado y se ve a sí mismo como una suma de la interacción con ese adulto. El adulto en esta situación puede decirle: "Creo que eres genial", "Tienes mucha habilidad" o "Puedes conseguir todo lo que quieras" o un gran número de alabanzas, pero nada de esto importará contra la mayoría en correcciones y críticas.

Un niño voluntarioso afirmará su poder y personalidad. Ya sea como *Darth Vader* o *Megatron,* dependerá de cómo se percibe a sí mismo en los ojos de los que tiene alrededor.

ECUACION PARA UNA MÁS FELIZ Y MAS MOTIVADORES CASA Y SALON DE CLASES

Eliminar el 90% sus respuestas de información a los problemas de conducta

Ignorar la mitad de comportamientos que usted acostumbra

Dar consecuencias de acción en respuesta al 90% de las conductas que usted dirige.

Seguir al 100% con cada consecuencia

Los niños se sentirán menos reprendidos sobre sus acciones. Ellos aceptarán las consecuencias que usted le dé porque son cortas y razonables. Discutirán menos porque usted se afirma en seguirlas. Usted se sentirá respetado porque sus niños lo tomarán seriamente. Y su hogar o su clase serán mucho más fáciles de manejar.

NOTES

1. Po Bronson, "Cómo No hablar con sus hijos", New York Magazine, Febrero, 2008

http://nymag.com/news/features/27840/index2.html.

CAPITULO 7

ENTRENANDO AL LEÓN

El método de la "gota que colmó el vaso"

Imagine a una joven madre diciéndole a su hijo Nathan de tres años, "Si te comportas y me obedeces podrás ir al cine con papá esta noche" Pero el niño continúa travieso, tirando cosas y sin escuchar a la madre. Cada vez que se porta mal, la madre le dice "Nathan, a menos que te comportes no irás al cine con papá" y así se lo repite quince veces hasta que cansada, "Se acabó, es suficiente, tú no irás al cine esta noche" Un niño de tres años experimenta un regaño como algo sin consecuencia real, por lo que la serie de acontecimientos que siguen los ve de esta manera:

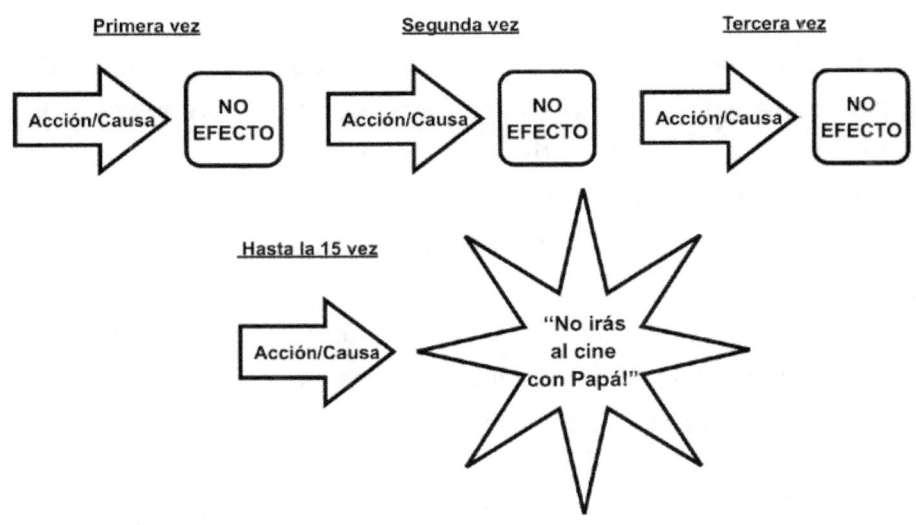

La conclusión de Nathan es "la mayoría de veces no habrán consecuencias si no escucho a mamá" y "a veces mamá se enoja y me quita algo que quiero"

Establezca consecuencias inmediatas

En lugar de dar una consecuencia grande después de "la gota que colmó", es mejor dar muchas pequeñas penitencias por cada problema de conducta. Luego el niño aprenderá "siempre hay consecuencias si no escucho a mamá".

Los niños observan qué está pasando a su alrededor y tratan de sacar conclusiones de cómo es que las cosas trabajan y del significado de las palabras. Si catorce de quince veces el padre dice: "No tires tus juguetes" o "No es correcto pegar a tu hermano" no hay consecuencia emparejada con la regla. El niño aprende que la mayor parte del tiempo la regla no es verdadera. Si su hijo de dos años tira el juguete y se aleja llorando cada vez que el de cuatro años le pega y usted solo da como consecuencia decirle que pegarle a su hermano "no está correcto"; lo que el niño está aprendiendo es sus palabras no son reales y que pegarle a su hermanito está bien porque cuando lo hace, su hermano tira el juguete y se aleja, que es precisamente lo que él quería.

La más efectiva consecuencia inmediata es un corto tiempo de penitencia. Esa corta penitencia es una forma sencilla de asegurar que los problemas de comportamiento no tienen poder ni son premiados. Una penitencia corta puede ser dada en la escuela, en casa, en una caminata o mientras se está comprando en las tiendas.

Cuando usted detiene a un niño y le da una penitencia corta le está asegurando que el mayor e inmediato efecto que el niño experimenta por su mala conducta es el aburrimiento. Usted detiene de manera efectiva cualquier premio o estimulación que el niño obtiene por su conducta inapropiada y lo reemplaza por un corto período sin nada que hacer.

Consecuencias cortas también le hacen más fácil a su niño manejar su propio comportamiento. Es más fácil para los niños controlarse a sí mismos cuando se enfrentan a uno o dos minutos de penitencia que a una larga penitencia o enorme consecuencia.

La clase de danza de Sophie: Aprendiendo a controlar una conducta impulsiva

Una clienta usaba los principios arriba mencionados con su niña de tres años llamada Sophie en su clase de danza. Sophie esperaba ansiosa su clase semanal, se ponía su uniforme de danzarina y bailaba por toda su casa hablando de su instructora, Miss Sarah. Pero cuando la niña estaba en la clase se alborotaba, se comportaba mal y se rehusaba a escuchar las direcciones de Miss Sarah. Se trepaba en el escenario y se negaba a bajar o se ponía a jugar con unos aros cuando la clase estaba haciendo otra cosa diferente. Su madre la llevaba afuera para tratar de calmarla, pero después de dos minutos de regreso en la clase, se descontrolaba de nuevo. La mamá la amenazaba que si no seguía las direcciones de Miss Sarah se irían a casa. Después de regañarle repetidas veces y ponerla en penitencia por diez minutos para que se calmara, la mamá finalmente la llevaría a casa. Ellas habían atendido cuatro clases y no llegaban a terminar ni una todavía. Jennifer, la madre, se debatía entre seguir o tirar la toalla.

Le sugerí que tratara por un par de semanas más usando el siguiente programa: Si Sophie no escuchaba o estaba fuera de control, Jennifer le ordenaría sentarse junto a ella quieta por un minuto. Después del minuto, podía regresar a la clase. Si Sophie se rehusaba a obedecer la penitencia, su mamá la llevaría fuera del salón para que se sentara dos minutos en silencio, siguiendo un minuto más sentada dentro antes de regresar a la clase. Le recomendé que se mantenga haciendo esto por diez o más veces cada clase para ver como Sophie se adaptaba.

Alenté a Jennifer a usar un lenguaje que ayude a Sophie a entender la conexión entre sus acciones y las consecuencias.

"Si no escuchas a Miss Sarah necesitas un minuto de penitencia. Si te sientas quieta un minuto junto a mami podrás regresar y bailar con Miss Sarah" y "Si no vienes cuando te llamo, o tengo que atraparte, tendremos que pasar dos minutos fuera. Después de ese tiempo puedes regresar, sentarte un minuto junto a mami y luego regresar a bailar con Miss Sarah"

La primera semana, Jennifer dio a Sophie ocho penitencias, la mitad fuera del salón. La segunda semana, la niña necesitó ocho penitencias de nuevo, pero solo una fuera. A las tres semanas necesitó seis penitencias todas en el salón. En otras palabras, Sophie estaba siguiendo las direcciones de su madre, acercándose a ella y tomando los minutos de penitencia cuando se lo ordenaban. En las semanas siguientes Jennifer le daba entre dos o cinco penitencias de un minuto. Pero esto parecía un pequeño precio que pagar para permitir que Sophie disfrutara de la clase que tanto le gustaba. Después de todo, ella participaba hasta quince minutos de una larga hora de clase, sin mencionar las lágrimas de decepción cuando la clase terminaba.

Lo más importante en el desarrollo de Sophie, no fue su clase de danza sino que aprendió a ejercitar el autocontrol. El uso regular de penitencias cortas permitió a Sophie ganar gradualmente control de sus impulsos y lentamente desarrollar una autorregulación de acuerdo a lo que era su capacidad.

Establezca cortas y regulares consecuencias

Penitencias de tiempo corto son más efectivas por varias razones. Primero, son menos propensas a una discusión o a una pelea por no cumplirlas. Con seguridad en primera instancia, los niños probarán la seriedad de la penitencia a través de la súplica o la negociación como "Lo siento, no lo hago de nuevo" o "Por favor seré bueno, no quiero penitencia". Algunas veces los niños se rehusarán y les dará una rabieta. Por lo que inicialmente requiere alguna tenacidad del adulto para reforzar una penitencia calmada y obediente. Cuando el niño se dé cuenta que la penitencia siempre será dada y es corta y fácil de cumplir, entonces usted empezará a obtener una cooperación consistente de parte del niño. Y esa la segunda razón por la que una penitencia corta es efectiva, es porque es fácil de cumplir.

La primera meta en cualquier sistema de manejo de conducta es cooperación, por lo que las consecuencias deben ser graduales y naturales y no punitivas o excesivas. Cuando las consecuencias son pequeñas y naturales son más fáciles de administrar en un buen tono como el de un entrenador en lugar de un tono emocional como el de un oponente.

Acá está la tercera razón por la cual dar una fácil-de-cumplir penitencia corta. Los comportamientos son más fáciles de manejar cuando se lidia con ellos antes de que se pongan demasiado "calientes". En lugar de esperar hasta después que le ha dado al niño más de diez avisos y tener que imponer una gran penitencia ("no cine con papá esta noche"), es mucho más efectivo darle una consecuencia inmediata que sea pequeña, fácil de dar y fácil de cumplir.

Maneje sus consecuencias de manera que muchas pequeñas conduzcan a una más grande. Por ejemplo, en salones de clases que envían a los que se portan mal a la "silla de enfoque" (ninguna tarea o actividad es permitida en la silla de enfoque) por períodos de un minuto o dos, la consecuencia natural será que cualquier tarea que se hizo mientras el niño estaba castigado, él deberá terminarla en el siguiente descanso o en el recreo. De esa manera, el niño que se pasó quince minutos de una clase de 45 en la silla de enfoque perderá su recreo o descanso hasta terminar lo que la clase ya finalizó. Cuando un estudiante se molesta con el maestro porque no puede salir a jugar, es fácil para el maestro señalar el punto de causa y efecto en lugar de la naturaleza punitiva de una consecuencia natural: "No me culpes. Yo quiero que vayas al recreo lo más antes posible también. Pero si no terminas la tarea como todos los demás, tendrás que quedarte hasta que esté hecha"

En el caso de Nathan tirando los juguetes y yendo al cine, su madre puede decirle que antes de ir al cine deberá limpiar y guardar sus juguetes y tomar un baño. Sólo si termina antes de las cinco de la tarde, tendrán tiempo de ir al cine. Penitencias cortas pueden ser dadas si Nathan se comporta mal constantemente y no hace las cosas que se le ordenaron hasta las cinco de la tarde. De esa manera usted establecerá un patrón de pequeñas consecuencias que permitirá que Nathan entienda cómo es que van las cosas. También usted establecerá una situación donde guiará al niño a las consecuencias como resultados naturales de sus elecciones "Lo siento Nathan, desearía que podamos ir al cine con papá. Pero te rehusaste a recoger tus juguetes y ya pasaron las cinco de la tarde"

Cuando usted establece una inmediata y fácil-de-cumplir consecuencia, la está moldeando para que se ajuste a la capacidad de atención y a los músculos emocionales de su niño. Dar una consecuencia o penitencia grande después de haber acumulado malas acciones, es como pedirle al niño que levante una pesa de cincuenta kilos. Mientras que una penitencia pequeña y regular es como pedirle que levante cinco libras de peso, diez veces. Los músculos sicológicos de autocontrol y auto disciplina se desarrollarán rápidamente con regulares, fáciles-de-cumplir consecuencias, y paso a paso el niño pasará de sentimientos de indiscipina omnipotentes a la balanceada y autorregulada identidad de interdependencia.

Dando una penitencia efectiva

Una penitencia simple es sentarse quietamente en la silla por un minuto o dos. Si el niño está molesto y llorando mientras está en penitencia, yo le digo: "Me avisas cuando dejes de llorar y empezarás tu penitencia" porque la penitencia no debe empezar cuando el niño está llorando. El necesita obtener control de sí mismo primero. Parte de la consecuencia cuando un niño pierde el control deberá ser que lo recupere. Un minuto de penitencia puede tomar nueve minutos de llanto y solo uno de sentarse quieto. Algunas veces también les digo: "Está bien llorar. Cuando nos molestamos necesitamos llorar. Pero la penitencia no empezará hasta que termines de llorar"

Uno de los problemas más comunes que se traducen que las penitencias (times-out) sean inefectivas es dejar que el niño grite, llore o patalee durante la penitencia. Si usted manda a su hija a penitencia por dos minutos y ella se sienta y llora durante todo el tiempo de castigo ella no ha ejercitado su auto-control y estará todavía fuera de control cuando la penitencia termine. Las penitencias no deben empezar hasta que el niño está sentado quieto y ha ganado control de sí mismo. Usted quiere que su hijo-hija ejercite su autocontrol en respuesta de no haberlo ejercitado y que causó la penitencia.

Si usted tiene un niño de tres años, puede darle hasta treinta penitencias al día. Si el niño regresa a la conducta problema, se le enviará de regreso a la penitencia diciéndole: "Adivino que necesitas otra penitencia" si continúa portándose mal usted debe continuar dándole penitencia hasta que, eventualmente se frustre y tome diferentes decisiones.

No hay necesidad de halagarlos para que se calmen. Permítales estar molestos. Usted quiere que ellos entiendan que a veces se toman malas decisiones y servirá para que nuestros niños sean capaces de tomar riesgos, "entiendo que estés molesto. Si yo tuviera que tomar penitencia tres veces también me molestaría. Pero tú tomas tus propias decisiones. Entonces la siguiente vez elegirás mejor"

Otro problema típico que los adultos tienen cuando dan una penitencia es que pasan ese tiempo hablando con los niños para hacerlos entender o para reconfortarlos. El problema se parte en dos: primero, hablarle al niño durante la penitencia le ejercita la estimulación, no es una aburrida consecuencia, por lo que refuerza la conducta que usted está tratando de detener. Segundo, le niega al niño la oportunidad de ejercitar sus músculos de autocontrol por él mismo.

El impulso de confortar y de explicar una consecuencia viene de la dificultad natural del adulto de ver a su hijo molesto o frustrado, o de no creer en la capacidad del niño para sobrevivir frustraciones y dificultades. Pero las frustraciones y dificultades deben ser experimentadas por el niño para que ejercite con éxito sus músculos sicológicos, que son necesarios para la transición a la interdependencia y reconocimiento mutuo.

¿CASTIGO CORPORAL?

"Quizás usted debería dar nalgadas a un carnero, pero nunca a un león"

Una joven llamada Jessica me contó algo que le pasó cuando tenía seis años de edad y que nunca ha olvidado. Su padre la llevó a visitar a un amigo que tenía una hijita de cuatro. En un momento Jessica estaba con la niña en su habitación cuando los papás le dijeron que se asegurara que la niña limpiara su cuarto. Después de varios minutos de que la niña se rehusaba a recoger, Jessica le dio unas nalgadas porque eso es lo que su padre hacía cuando ella no obedecía. Los padres corrieron al cuarto cuando escucharon el llanto de la niña y la encontraron en las piernas de Jessica recibiendo golpes en sus nalgas con un libro. Cuando su padre le dijo que eso no estaba permitido Jessica le preguntó, "Entonces ¿porqué tu si me das nalgadas?" muy lejos de responder él la llevó a otro cuarto y empezó a darle esas nalgadas. Está de más decir que Jessica se fue a la cama esa noche muy confundida.

El castigo corporal no trabaja. Honestamente, si yo creyera que es efectivo para criar niños irrespetuosos yo lo apoyaría, pero no es así.

A menudo los padres me preguntan en casi susurros "¿Cómo es que las nalgadas sirvieron para mí y mis padres cuando éramos niños?" La respuesta está en que cincuenta años atrás las nalgadas tenían diferente resultado que hoy en día. Y eso porque los niños eran criados de manera diferente. Cincuenta años atrás los niños no tenían poder ni eran tratados con el respeto y consideración que tratamos a nuestros niños actualmente. (No

153

todo derecho es malo. Por ejemplo, es bueno que el niño crea en su derecho a ser tratado con respeto y no ser castigado físicamente)

Hoy el castigo corporal siempre causa más problemas que resolverlos. En la época en que los niños no tenían el sentido de poder quizás causaba algunos buenos efectos, pero con los niños de hoy será siempre un fuego cruzado. No lo use, es la última arma para un padre frustrado a quien se le acabaron las ideas de qué hacer. Usted es un adulto. Encuentre otra manera de dar una penitencia. Si necesita más ideas, siga leyendo este libro porque yo tengo muchas.

"El hombre que levanta la mano es el hombre que se quedó sin ideas". H.G. Wells.

En vez de nalgadas, use aburrimiento. El aburrimiento es su amigo. Remover el acceso a la estimulación es el arma humana para reemplazar a las nalgadas.

JAMES

Recientemente estuve trabajando con un chico llamado James que acababa de cumplir cinco años. Era un niño inteligente, articulado pero a simple vista imposible de controlar. En el baño de su centro de cuidado un día decidió desenrollar el papel higiénico y tapar el inodoro. El director me contó que un día, a la hora de la siesta lo vio casi pisando la mano de una niña mientras ella dormía. El hombre corrió a evitarlo diciéndole al niño "James! ¿Qué estás haciendo? ¡La puedes lastimar!" James solo sonrió, adoró la atención y dijo "Yo no iba a pisarle la mano"

Este niño había sido expulsado ya de cinco centros de cuidado y el distrito escolar le asignó un especialista en conducta a tiempo completo por los primeros cinco años del pre-escolar. No obedecía direcciones, tenía constantes rabietas, golpeaba y escupía a los adultos y a otros niños. Por su conducta, los padres fueron notificados que quizás era emocionalmente perturbado.

Si James estaba ocupado en algo interesante, le daba total atención. Pero si se encontraba aburrido por lo que estaba pasando buscaba la manera de meterse en problemas. En ese tiempo, parecía necesitar direcciones cada quince segundos "James, mantén tus manos quietas" "James, pon eso de regreso" "James eso no se dice", y para cada regaño el niño tenía una respuesta astuta "pero porqué? Yo quiero pintar de rojo" "Pero Taylor no está haciendo lo que debe" "Pero él tiene dos papeles". Algunas veces decía "lo siento" con una sonrisa burlona y repetía la falta para decir "lo siento" de nuevo.

La primera vez que observé a James en el pre-escolar estaba sentado en su carpeta y la maestra repasando las reglas de la clase. Conforme ella las leía, los niños debían repetir después de ella, "ojos atendiendo" "voz baja" "cuerpo quieto" "oídos escuchando" y "manos alzadas cuando se quiere hablar" entre otras.

James estaba escuchando y moviéndose al mismo tiempo, repetía lo que la maestra leía antes que los otros de manera impulsiva y gritando, su maestra lo ignoró dos veces pero a la tercera le ordenó que sólo repitiera lo que ella leía de manera calmada junto con los otros. James cedía pero minutos después estaba haciendo todo de nuevo. Entre las instrucciones y en lugar de leer, se volteaba a decirle a otro niño que apenas aprendía a leer, lo que debía repetir y cuando este se equivocaba James lo corregía riéndose.

155

Para el momento que la lección se acabó James tenía una "estrella roja" que significaba que perdería cinco minutos de recreo. Cuando el recreo empezaba, su asistente se sentaba con él para decirle, "Si hubieras obedecido a la maestra estarías jugando en el recreo ahora". Y el niño le responde, "Está bien, me gusta acá dentro". Cuando los cinco minutos terminaban y el asistente le indicaba que podía salir, el niño le decía: "Ve tú, yo me quedo acá". En otras palabras, esos minutos de retención no estaban siendo efectivos.

Un ambiente de retención suficientemente fuerte para James

Cuando observé a James, no vi a un niño sufriendo de un desorden neurológico o emocionalmente perturbado. Su incapacidad con respecto a otros, su negación a seguir direcciones, su falta de autorregulación, su ira y comportamiento agitado; todo señalaba a un niño que miraba al mundo desde su perspectiva de omnipotencia. Lo que más necesitaba era un ambiente de retención suficientemente fuerte para ayudar a la transición de omnipotencia a interdependencia.

Un elemento clave para darle ese ambiente de retención era entrenar a los especialistas en conducta para que en lugar de darle una respuesta de información a su comportamiento inapropiado, le establecieran cortas y regulares penitencias (respuesta de acción) Estas debían ser apoyadas por consecuencias aún más inflexibles que ocurrirían si James se rehusaba a cumplirlas.

El arma básica del plan de comportamiento era darle a James penitencias inmediatas en un sitio determinado. Esto sin explicarle qué era lo que hacía mal. Por ejemplo, si el tiraba los libros, el especialista le diría, "James necesito que te sientes por cincuenta segundos en este lugar" luego dirigiría a James a sentarse quieto, lejos de la actividad por cincuenta segundos. La razón de no explicarle el porqué de su castigo, está dividida en tres: primero, decirle el porqué invita a la argumentación, manipulación y discusión, todo lo cual lo estimularía. Segundo, cuando se discute con el niño, se le está dando al motivo una intención maligna al hecho, que en realidad puede haber sido solo un impulso. Tercero: cuando se da una consecuencia sin explicación se permite al niño darse cuenta por sí mismo de las razones de las consecuencias y de las cosas que son sentido común y en consideración a otros.

Inicialmente, James no quería cumplir la penitencia por su mala conducta de sentarse quieto por un minuto, se escapaba o trataba de negociar. Si su especialista lo atrapaba, el niño lo golpeaba, escupía e insultaba. Pero de todas maneras se seguía un estricto protocolo. La penitencia aumentaría cada vez que no obedecía de manera firme.

Durante los dos primeros días usando ese protocolo, James nunca cumplió las penitencias de un minuto. Estaba probando los límites y consistencia del plan y necesitaba ser restringido un promedio de cuatro a cinco veces al día. Gradualmente se fue adaptando, cada día mostraba un avance en su habilidad de ejercitar su autorregulación. Después de dos semanas estaba cumpliendo las penitencias de un minuto regularmente y necesitaba ser retenido por menos tiempo. El especialista de James está usando un arma bastante efectiva. Por ejemplo James está escribiendo sus letras mientras habla con la asistente:
"Estas loca, te llamaré loca!"
"No me llames loca, mi nombre es Miss Tracy"
"Ok, te llamaré Tracy"

"No, es Miss Tracy"

James le hace un guiño y dice, "Ok, Tracy"

En ese momento el especialista lo llama y le dice: "James, siéntate" y le señala un sitio, el niño se levanta y luego se sienta en el lugar indicado.

Al cabo de cinco minutos, el adulto le dice: "Ok James, puedes regresar a tu silla", James entendió perfectamente el porqué había sido castigado (irrespeto con la Miss) y no tuvo objeción.

Ocasionalmente si James mostraba que realmente no sabía el motivo del castigo, el especialista le explicaría con paciencia.

Durante la mañana en el pre-escolar, se le daban regulares penitencias de un minuto de inmediato y antes de que su conducta empeorará, por lo que no necesitó perder sus recreos ni otras consecuencias mayores.

Cada vez que James iba a penitencia se le daba la oportunidad de darse cuenta por sí mismo el motivo. En algunas ocasiones se le alababa por su claridad y deseo de mejorar, y él calmadamente preguntaría, "¿Voy a penitencia porque tomé el Lego de Jimmy verdad?", su asistente le responde en forma afirmativa, pone la mano en el hombro del niño y le permite regresar a su sitio.

Cinco meses con el programa de comportamiento y James era otro niño. Todavía era impulsivo y tenía problemas para controlar sus manos y su boca, pero la ira, desobediencia y agresividad se desvanecieron. Era relajante para James no escuchar constantemente recordatorios de lo que hizo mal. El cambio de usar regaños informativos como "James no hagas eso" a usar una simple consecuencia de acción como "James ven a sentarte" era un alivio muy bienvenido.

Cuando los adultos establecen un fuerte ambiente de retención usando claras y predecibles consecuencias que no pueden ser manipuladas, los niños se liberan de la responsabilidad que acompaña el sentimiento de omnipotencia. Una vez claro que los adultos, no él, están a cargo de las cosas, James era capaz de moverse a una segura identidad de interdependencia y estaba libre para ser un niño de nuevo.

¿Cómo puedo parar las malas palabras?

En una escuela para niños con problemas de conducta, un profesor de chicos de once y doce años, Mr. Davis, me pidió que llegara a su clase para darle algún consejo de cómo parar el lenguaje obsceno que los estudiantes usaban. El problema era particularmente difícil cuando los niños jugaban baloncesto.

Si perdían un punto, una palabrota, si el otro equipo anotaba otra palabrota, si un jugador cometía un error una palabra más fea. Ellos maldecían al otro equipo para irritarlos y a menudo los temperamentos se iban fuera de control y los maestros tenían que romper las peleas.

Mr. David se paraba en los banquillos y les gritaba que pararan los insultos obscenos, "¡Ryan si sigues maldiciendo te pondré afuera¡" "¡David para de decir maldiciones!" "¡Alex controla tu boca!" Cuando ya tenía suficiente le decía a un estudiante que estaba fuera del juego. Pero esto usualmente resultaba en una gran discusión "¿Porqué soy yo?!" "¡Ryan estaba maldiciendo también!" "¡Esto no es justo!"

Mr. David a veces trataba poniendo a todo el equipo en el banquillo, "¡Se acabó! El juego terminó por hoy, encuentren algo mejor que hacer!" Pero dos o tres días después, las obscenidades volvían en su versión completa. El maestro se sentía constantemente frustrado y los chicos parecían saber cuántas malas palabras decir para no recibir penitencias y cuando Mr. Davis estaba a punto de estallar se disculpaban y prometían no hacerlo otra vez.

Sugerí que Mr. Davis estableciera inmediatas penitencias de un minuto cada vez que alguno de los chicos maldijera y para fomentar su cumplimiento las incrementara si los chicos argumentaban, se rehusaran o continuaran con las obscenidades. Les dije de la importancia de seguirlas al 100% y establecer un fuerte precedente desde el primer día del plan. Discutimos los detalles y el mejor lenguaje a usar y el día que empezó con el plan me ubiqué al costado del campo para observar como resultaba.

Después de unos minutos de empezar el juego, las malas palabras empezaron, Mr. Davis entró al campo de juego y gritó: "¡Todos paren el juego!", los chicos se veían perplejos, "Ryan, Dame la bola y necesito que te sientes por un minuto"

"¿Pero porqué?" "¿Qué hice?" Mr. Davis se dirigió a todos, "Cada vez que hablen obscenidades tendrán un minuto de penitencia" Ryan levantó sus manos enojado diciendo maldiciones y Mr. David le respondió, "Pues ahora estarás castigado por dos minutos", les entregó la bola a sus compañeros y les permitió seguir el juego, "Disfruten el juego"

Después de dos minutos envió a Ryan de vuelta al juego, mientras esta vez le daba a Tony la penitencia. Durante los siguientes 30 minutos, Mr. Davis dio 16 penitencias por hablar malas palabras. Los chicos estaban visiblemente disgustados por los castigos, en un momento dado tres de los ocho niños jugando estaban en el banquillo. Pero Mr. Davis estaba menos frustrado. Cuando ellos le reclamaban, él los dirigía sobre las consecuencias: "No hay problema, estarás sentado por un minuto, no te preocupes, y luego volverás al juego" Para el final del juego, los niños se estaban reclamando entre ellos el no decir malas palabras "Tony caramba, cómo vamos a ganar si estás en el banco todo el tiempo!" El siguiente día Mr. Davis solo necesitó dar seis penitencias de un minuto y para el fin de semana bajó a tres.

Un mes después visité a Mr. Davis y me contó que aún tenía que dar un promedio de dos o tres penitencias por juego, pero que sentía que podía manejar la situación. Las penitencias inmediatas quitaron la frustración y responsabilidad de los hombros de Mr. Davis a los de los chicos que decían malas palabras. Haciendo el cambio de dar una respuesta de información a una respuesta de acción, la situación dio un giro total.

Largas penitencias desalientan por largo tiempo

Cuando manejamos la conducta o seguimos protocolos de conducta específicos para niños-problema, es importante que establezcamos un sistema que permita al niño empezar todo de nuevo muy seguido. Premios de largo término y consecuencias (como ofrecerle al niño una pizza por su buen comportamiento durante la semana o mes), es dirigir a usted o a ellos, al fracaso. Solo hay dos efectos que estas largas consecuencias tienen, y los dos son malos.

Primero, a menudo veo esta clase de premios si se portan bien y luego el adulto es incapaz de negarlo cuando no se comportaron bien. Esto usualmente conlleva a segundas oportunidades, disculpas y negociaciones para que el niño mejore o nunca haga la travesura de nuevo. El final resulta en que el niño aprende que los recursos del adulto (maestros, padre y madre) "si eres bueno" está vacío y ellos tendrán el premio sea que se porten bien o no.

El segundo efecto malo, es que el adulto sigue adelante con negar el premio exista un buen o mal comportamiento. En este caso, la gran motivación (fiesta de pizza) se convierte en el gran desalentador cuando alguien tuvo un día pesado en la semana o en el mes y se siente decepcionado desde entonces. Ronald tuvo un "mal" día, y la maestra le dice que no irá a comer pizza, por lo que los siguientes días entre la pizza y el día malo, el niño estará amargado, molesto y desmotivado.

Muchas consecuencias son dadas en la escuela más tarde no inmediatamente. Por ejemplo, la maestra dará cinco minutos de penitencia que serán cumplidos después del recreo. Cada vez que el alumno interrumpiera o fuera inapropiado, el maestro le "cobraría" el tiempo que debe, "debes cinco minutos de tu recreo". Algunas veces la consecuencia viene en un gran "bulto" como en, "Se acabó Madison, estarás en el banco en el recreo" En lugar de motivar un autocontrol, esta clase de consecuencias desmotivan al niño durante el periodo entre recibir la consecuencia y cuando la reciben.

Asimismo, no me agrada que se den penitencias largas y duras porque debilita la habilidad del niño en rápidamente reagruparse después de las dificultades y empezar a tener buenas elecciones desde ese momento. Me gusta enseñar a los niños a que tienen más control sobre las consecuencias de sus actos. He estado en clases donde niños agresivos han perdido el recreo entero durante un mes (por la acumulación de sus penitencias, tiempo sin terminar la tarea, etc.)

Los planes de conducta deben ser establecidos de manera que permitan a los niños cambiar la dirección de las cosas en cualquier momento. En el peor escenario, las consecuencias que el niño acumuló, deben resultar solo en un "mal" día. Al día siguiente él niño deberá empezar fresco.

CAPITULO 8

ENTRENANDO LEONES

De adversario a instructor

Nuestra primera reacción como adultos hacia alguien que quiere movernos es de oposición. Al mismo tiempo, cuando intentamos mover a alguien en una dirección, naturalmente empujará en la dirección contraria. Los niños no son diferentes, cuando sienten que queremos que haga una determinada cosa, manipularlo, o influenciar en sus decisiones la primera reacción será de resistirse, y más aún en momentos de conflicto o con niños que poseen un fuerte sentimiento de poder y omnipotencia.

Aunque lo último que los padres y maestros quieren es una relación de adversario con sus hijos o estudiantes, esto es exactamente lo que se desarrolla cuando intentan poner límites, reforzar las reglas o dar un benévolo consejo. Entonces la pregunta es, ¿Cómo podemos, en momentos de conflicto, cambiar la relación con nuestros niños y convertirnos de adversario a conductor de manera efectiva?

Aplacar los impulsos de omnipotencia

Niños con una gran identidad omnipotente están bien enterados de su propio poder; sienten tener derecho sobre las opciones y la autonomía. Son más perceptivos a las sutilezas de la comunicación y defienden sus deseos agresivamente. Mientras que todos los niños de hoy comparten estas características y cualidades, los niños con problemas de conducta severos poseen las versiones extremas de estas características. Entonces, el tipo de lenguaje que es efectivo con niños que presentan fuertes identidades omnipotentes también lo será en los demás niños de hoy.

Comunicarse efectivamente con el niño, especialmente cuando su deseo y el del adulto están en conflicto, requiere que el adulto reconozca verbalmente la autonomía, el poder y la habilidad mientras simultáneamente defendemos nuestros deseos.

Estas son las reglas básicas que encontramos en la estrategia de "Encuentra la mano"

Reconozca su poder, hágale saber al niño que usted reconoce que es él y no usted, quien tomas sus decisiones.

Utilice el lenguaje de selección. Hable acerca de las decisiones y las consecuencias de estas decisiones en términos de elecciones tomadas por el niño.

No se lo tome personalmente. Remueva su juzgamiento emocional u ofensa por la mala decisión del niño y la administración de la consecuencia.

Cambie de adversario a instructor. Cuando el niño lo culpe a usted, afirme que usted quiere que el niño consiga lo que quiere, y reafirme las consecuencias como un orden natural de las cosas.

Nunca moralice con el niño. Los niños reconocen la moralización por lo que es, una manipulación. Y el uso de esto alienta a una respuesta de oposición y va a socavar su reconocimiento a la autonomía.

Siempre, no importa cómo, haga lo que dijo que hará el 100% de las veces. Cuando los adultos utilizan límites predecibles y razonables, el niño dejará de enfrentarlo tan vigorosamente, porque los adultos son más confiables y el mundo del niño se siente más seguro y en control.

Arte marcial verbal

Mientras que es importante establecer límites y consecuencias en el hogar y en la clase, no es necesario hacerlo de una manera oposicional o de adversario. En realidad, es más difícil, por no mencionar menos divertido, utilizar el método de oposición en vez de instructor. La clave para cambiar esta dinámica es la utilización de herramientas de comunicación y actitudes que, colectivamente, son llamados "Jiu-Jitsu" (arte marcial) verbal."

Se debe modificar la intención de las dinámicas de conflicto, para poder darle al niño lo que desea, mientras se acierta las necesidades del adulto. Al principio la identidad omnipotente del niño desear satisfacer su propio deseo, negando el deseo ajeno, y será trabajo del adulto presentar las consecuencias (usando la comunicación adecuada) de una forma que mantenga en balance el reconocimiento del niño y la necesidad del adulto. Si el adulto intenta establecer límites y consecuencias sin reconocer las necesidades del niño, entonces este lo percibirá como un adversario y no un instructor.

Podemos imaginar las dinámicas opuestas de esta manera:

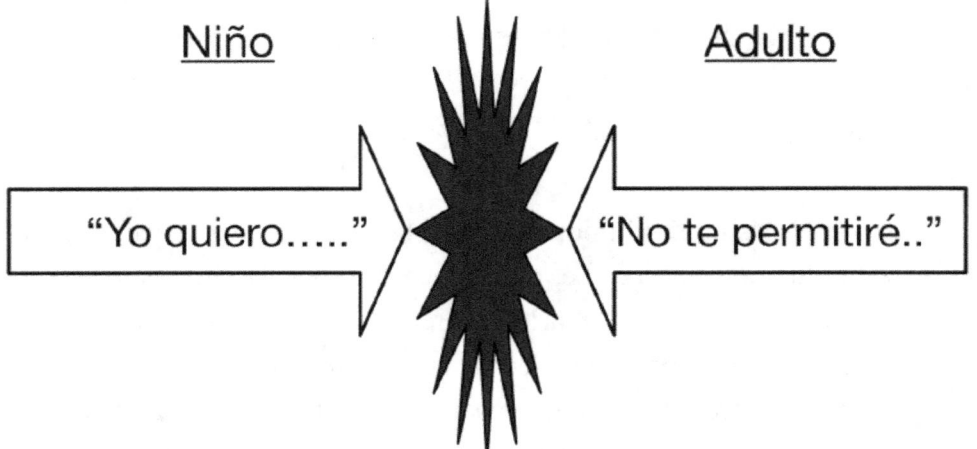

El adulto y el niño están en lados opuestos y el "Jiu-Jitsu" verbal se ve de esta manera:

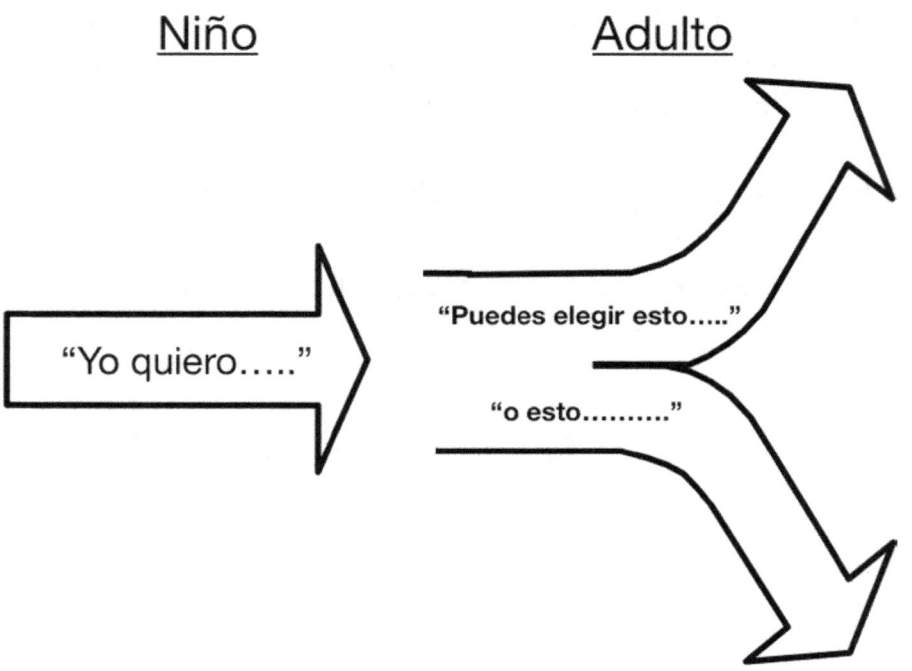

El Jiu-jitsu verbal comienza con el propósito de indicar que cada acción tiene una consecuencia natural y, que como adulto, nuestro trabajo es explicar y administrar estas consecuencias. Enseñe a su niño que el mundo se rige por la ley de causa y efecto. Que estas reglas benefician a quienes las obedecen y naturalmente frustra a quienes van en su contra. No es necesario que los adultos se enojen o que juzguen, porque cada pobre decisión (causa) será acompañada de su propia frustración (efecto).

Ese jiu-jitsu verbal también permite al adulto cambiar la relación con el niño, o sea de adversario a caminar junto a su lado. Despersonalice los problemas y los límites y póngase del lado del niño:

Imagínese usted parado al lado de su hijo mientras ambos dirigen la mirada hacia la elección y consecuencia que él está enfrentando.

Grace y Rebeca

En la próxima anécdota, utilice la técnica de Jiu-jitsu verbal para reforzar las reglas de la clase.

Todo lo relacionado con Grace parecía perfecto, hasta su cabello mostraba rulos perfectos. Tenía catorce años y un retraso en su desarrollo, pero eso no era notorio por la manera en que manejaba al cuerpo de maestros de la escuela. Grace andaba siempre dando vueltas por la escuela con la asistente detrás de ella. Por mucho que los maestros intentaban enseñarle, dirigirla o contenerla, ella encontraba formas diferentes para hacer lo que quería, e inclusive muchas veces salía de la clase para socializar en lugar de hacer su tarea. Cuando los maestros pusieron límites, ella se negó a escuchar, se escondía y hasta escupía a los adultos, o se acostaba en el piso y rehusaba a moverse. Usualmente Grace llevaba a todos lados a su muñeca Rebeca. Había ocasiones en que Grace decidía tomar una siesta y se recostaba en el piso en medio de la clase con una almohada y por las medicinas que tomaba para "contener" su conducta, era muy difícil para los maestros saber si el deseo de tomar la siesta era legítimo o una manipulación.

Desarrollamos un plan de conducta para Grace y entrenamos a todo el plantel que trabajaba con ella para que utilice plan del mismo modo. Una de las reglas era que si Grace quisiera tomar una siesta sería llevada a otra clase más tranquila, pero no podría dormir en la clase. Adicionalmente, Grace solo podría tener a su muñeca Rebeca mientras permanezca en la clase. Si necesitaba salir de la clase, la muñeca se quedaría en el aula hasta que ella retornara. Esta regla fue impuesta para motivar a que Grace se quedara más tiempo en la clase.

En la mañana del primer día del nuevo plan, Grace se levantó en medio de la clase de matemáticas y anunció que tomaría una siesta. Tomo la almohada del estante y se acostó en el piso frente de donde la maestra daba la clase.

La asistente de Grace, llamada Laura y yo, nos acercamos a ella y yo le dije, "Grace, si quieres tomar una siesta tendrás que irte a otra aula, no está permitido dormir en esta clase"

Grace se quejó, "Déjame tranquila, necesito una siesta" intentando alejarnos.

Pero Laura y yo éramos muy persistentes y mientras yo recogía la almohada del piso, Laura tomó a Grace por el brazo y la sentó diciendo, "Si en realidad necesitas una siesta, entonces tienes que irte de la clase. Solo tienes que salir de la clase e irte a otro lado" (lenguaje de opción).

Grace continuaba mientras gritaba, "¡Te odio, te odio! ¡Déjame en paz! estoy cansada y quiero dormir"

Laura le repetía que si quería dormir, solo necesitaba irse a otra parte. (Reconocimiento del poder, no detenerla ni prohibirle su deseo de dormir).

Al cabo de unos minutos, Grace se levantó y caminó con nosotros hacia la puerta de la clase. Luego decidió que necesitaba a Rebeca y la tomó de la mesa.

Esperamos a que Grace salga del aula para detenerla y decirle, "Grace, Rebeca necesita quedarse en la clase"

La niña se quejó en voz alta, "¡No puedes llevarte a Rebeca! ¡Quiero quedarme con ella!"

Laura le respondió, "No quiero llevarme a Rebeca. Me gustaría que te quedaras con Rebeca, pero las reglas son que

Rebeca debe quedarse en la clase siempre." (manténgase en su lado y no dejar que se convierta en algo personal)

"¡Pero quiero a Rebeca!"

Entonces le dije - "Grace, puedes tener a Rebeca pero tendrás que quedarte en la clase y no se puede dormir en la clase." (Lenguaje de opciones)

"Pero necesito dormir. ¿Porqué no me dejas ir a dormir?"

"Si quieres ir a dormir está bien para mí, puedo llevarte a un aula más tranquila donde podrás dormir."

Al cabo de unos minutos de ida y vuelta sobre el mismo caso, la niña dejó de argumentar con nosotros y se detuvo un momento. "Voy a quedarme con Rebeca" escogió y volvió a entrar en el aula. Le insistimos que devolviera la almohada que llevaba bajo el brazo, y así lo hizo. Grace permaneció en la clase hasta el almuerzo sin tomar una siesta.

Luego de una semana descubrimos que la necesidad de Grace de tomar una siesta era parte de una manipulación para lograr atención. Solo una vez Grace decidió ir a otro cuarto a tomar una siesta. Cuando la pusimos en un cuarto silencioso a dormir se acostó por unos minutos y luego decidió regresar a la clase. Luego de este incidente Grace nunca más intentó dormir la siesta en clase.

Las reglas de no dormir en clase y que la muñeca se quede, pueden observarse como una mano firme que encuentra la mano del niño. El énfasis en las opciones que tenía la niña, le permitían determinar el resultado de la situación y reforzar efectivamente sus sentido de poder e independencia. Finalmente la forma neutral y sin juzgamiento que tanto Laura y yo utilizamos para explicar a Grace cómo funcionan las cosas, modificó el tono desde opositor a instructor y permitió que

Grace tome una decisión basada en la interdependencia y no en la omnipotencia.

En la interacción antes mencionada, el reconocimiento de su poder ocurre con el continuo cambio desde el conflicto a la opción. Muchas veces la necesidad de reconocer el poder del niño es más aguda.

Darles lo que necesitan

Los niños con fuertes sentimientos de omnipotencia, sea por negligencia o cuidado, desean no solamente claros y fuertes límites sino también un claro reconocimiento de su independencia. Si usted desea imponer fuertes límites sin simultáneamente usar un lenguaje que reconozca su independencia y poder, el niño omnipotente va a resistirlo por más tiempo y con más fuerza que de la otra manera.

Cuando intentamos establecer límites sin reconocer la independencia y el poder del niño, estamos esencialmente pidiéndole que reconozca nuestro poder y niegue el suyo. Esto es innecesario y contraproducente, es como establecer una lucha que no necesitamos tener.

Por otro lado, cuando establecemos límites mientras reconocemos el poder y la independencia del niño, también estamos pidiendo que el niño reconozca nuestro poder e independencia. Esta es una interacción de respeto y el niño desarrollará como consecuencia una sana capacidad de reconocimiento mutuo.

Si trabajo con un niño con una identidad omnipotente muy fuerte, reconocer su independencia y poder no sólo ayuda sino que es necesario para transformar su actitud. Es la diferencia entre intentar forzarlo a que entre en una habitación sin salida o impedirle la entrada a otras habitaciones y dejarlo que elija por sí mismo.

En el escenario del cuadro siguiente, un niño omnipotente siempre escogerá enfrentarse al adulto.

En el escenario de abajo, pelear contra el adulto es una opción más segura que la sumisión. Porque sumisión significa que renunciar a la independencia que el niño intenta establecer, y el poder con el que se defiende para sentirse seguro. Si el niño omnipotente se rinde como en el caso anterior, lo hará con amargura, su capacidad para intimación y reconocimiento mutuo se socava y el niño enfrentará al adulto con más valentía y fuerza la próxima vez.

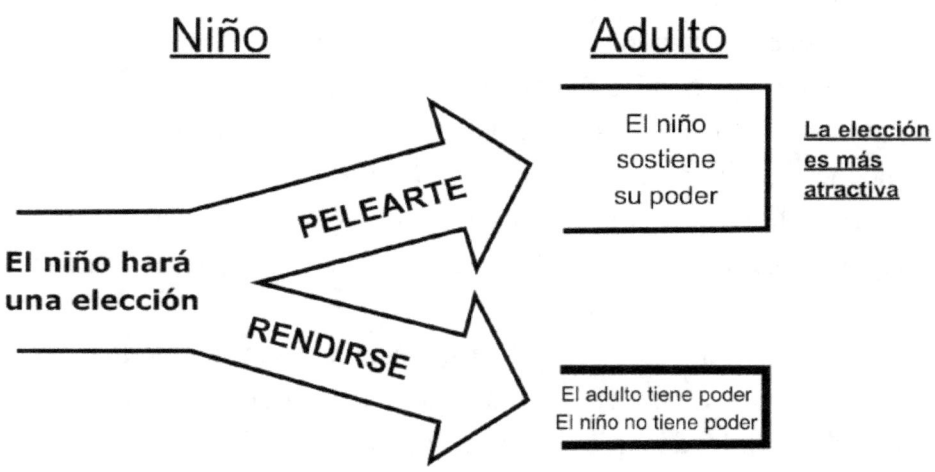

En el próximo gráfico, el niño omnipotente tiene una vía para reconocer al otro y no perder su dignidad. Entonces será más común que reconozca a los otros y a sus límites.

.

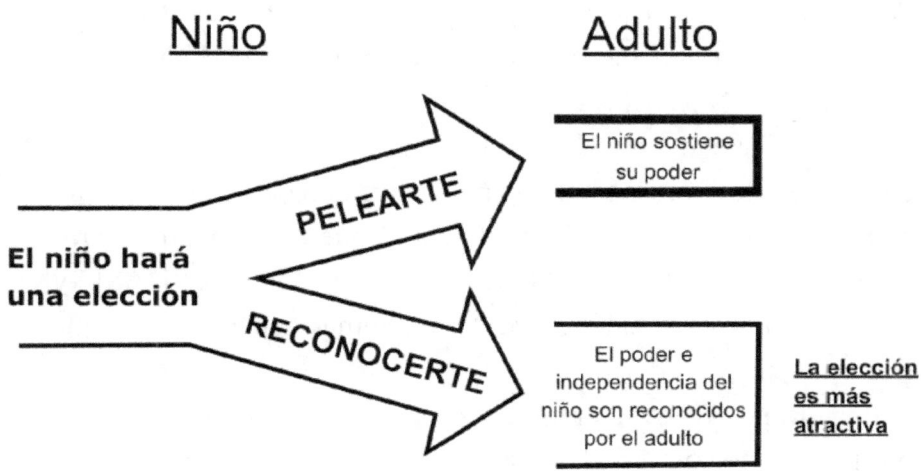

En este gráfico un niño omnipotente seguramente continuará con la batalla, pero esta no durará tanto tiempo ni será tan feroz. Porque mientras cede al poder de controlar y negarnos, puede hacerlo en una relación que le da el reconocimiento de su independencia y poder que tanto desea. Más aún, porque este es el escenario que les da lo que necesita (pero no lo que desea), el desarrolla intimidad y respeto y es más posible que lo reconozca y a los límites que pondrá en el futuro.

EN LUGAR DE:	TRATE:
"Necesitas hacer lo que te digo"	"Necesitas hacer una elección"

¿Quién es el jefe?

Una vez estaba caminando por los pasadizos de la escuela donde trabajo regularmente, cuando me encontré con el asistente del aula de penitencias, Alex , y un niño de siete años de edad llamado Thomas que tenía las manos apretadas en puños, la cara muy colorada, y llorando gritaba, "¡TU NO ERES MI JEFE!" "¡NO ERES MI JEFE!"

Alex se veía cansado y un poco frustrado intentando convencer al niño, "Mira, Thomas tienes que escucharme! si no entras en el cuarto de penitencias tendré que llevarte a un cuarto para ti solo" "¡NO ERES MI JEFE, TU NO ME MANDAS!" y el niño recibió la misma respuesta, "Thomas debes hacer lo que te digo!"

Por último Alex me preguntó si podía ayudarlo con Thomas, porque el niño solo gritaba que él no era su jefe y no obedecía. "Ok, puedo intentarlo" le respondí tranquilo.

Me presenté ante Thomas e inmediatamente el niño empezó a gritarme lo mismo que a Alex: "¡TU NO ERES MI JEFE, NO ME MANDAS!"

Levanté las manos como indicando "me rindo" y dije "Tienes razón, no soy tu jefe"

"Esta bien, definitivamente no soy tu jefe, tu eres el jefe de ti mismo."

Continuaba llorando, pero ahora en voz un poco más controlada seguía diciendo "Tu no eres mi jefe."

Le repetí una vez más, "No soy tu jefe" y luego de una pausa le dije, "Pero tienes una decisión que tomar. Puedes calmarte y entrar a la habitación de penitencia, pero si continuas gritando y llorando tendrás que irte al cuarto solitario. ¿Quieres irte al cuarto solitario?"

Para mi sorpresa respondió "Si!"

Le dije "perfecto, vamos" me tomó de la mano y juntos entramos en la habitación solitaria.

El niño tiene poder y es muy importante que lo reconozcamos. Cuando un niño esta desafiante, a veces el primer paso para resolver la situación es reconocer su poder. Niños con fuerte sentimientos de omnipotencia se aferran a su poder porque es su línea de salvación para mantener el control de un mundo misterioso. El lenguaje que utilizo para lidiar con una situación de oposición, ya sea Thomas de ocho años o mi hijastra de diecisiete, siempre es más efectivo si reconozco el poder de esta persona. Una vez que este poder está reconocido es mucho más fácil establecer límites.

Es verdad que no soy el jefe de Thomas. Creo que nos metemos en problemas cuando esperamos que el niño haga algo que no quiere hacer. Cuando entreno a mi grupo de asistentes siempre les explico que no estamos a cargo del comportamiento. Es el niño quien está a cargo del comportamiento. Nosotros estamos a cargo de las consecuencias. Al final los padres y maestros están solo a cargo de la motivación. Si el niño no quiere hacer algo no va a hacerlo, al menos que sea para su mejor interés.

No se quede con lo que es de ellos

El Jiu-jitsu verbal aparte de ser un medio efectivo para lidiar con el conflicto, comunicarse es también una forma que ayuda al sano razonamiento que deseamos que desarrolle y utilice.

La mayoría de los niños con problemas de conducta, han desarrollado un patrón de exteriorización de los problemas y dificultades. Cualquier cosa que sale mal es responsabilidad de los adultos a su alrededor. Recuerde que externalizar es una natural y sana herramienta de sobrevivencia en el infante, el niño debería cambiar de externalizar a internalizar las dificultades mientras evoluciona a la interdependencia.

Orientación sin manipulación

Existen muchas formas diferentes de manipulación en el lenguaje que utilizamos cuando hablamos con el niño. Esta es una nueva generación de niños con identidad omnipotente, son más grandes y mayor sentido del yo. Son muy sensibles a la manipulación y se resisten. El uso de la manipulación es un intento de cambiar, basado en el temor de que el niño no llegue a la conclusión correcta por sí solo. La resistencia del niño comenzará una dinámica antagonista y oposicional. La manera más efectiva de dialogar con este tipo de niños es en términos de reconocimiento de su deseo independiente.

Debemos reconocer que es el niño el que en última instancia toma las decisiones en cada circunstancia y que nosotros no podemos tomar decisiones por ellos. También, el lenguaje que utilizamos con los niños debe comunicar una convicción de que son capaces de establecer decisiones lógicas y sanas que respetan a los demás y a ellos mismos. El lenguaje común utilizado para hablar con los niños se encuentra lleno de manipulaciones, pretextos morales e insinuaciones acerca de lo que deben hacer y lo que no. Este tipo de lenguaje les comunica nuestra pobre fe en su habilidad de tomar decisiones y de su capacidad como personas con moral y ética.

¿Aprendizaje o realización?

Existen dos diferentes maneras de enseñarle al niño. A través del proceso de aprendizaje o a través del proceso de realización. Cuando intentamos enseñar al niño después de un momento de conflicto o dificultad, es mucho más efectivo el proceso de realización.

El aprendizaje ocurre cuando tomamos una información y luego una conclusión de alguien más. El adulto provee la información o conclusión y el niño la recibe.

Realización ocurre cuando juntamos nuestra propia información para llegar a una conclusión propia. El adulto puede dirigir al niño hacia la realización a través de preguntas en lugar de dar respuestas.

Usar una serie de preguntas que lleven a alguna persona a cierta realización es conocido como el método de Sócrates. Wikipedia define el método de Sócrates como "un estilo de trama filosófica donde el moderador explora las implicancias de la posición de los demás, para estimular el pensamiento racional e iluminar ideas"

El único amigo de Jimmy

Una tarde estaba observando a Jimmy (el de "odio a los niños educados en el capítulo 6) jugando a los legos con otros dos niños, cuando lo escuche decirle a Ryan, "Esa es una estúpida manera de armar esta cosa. Las alas se desprendieron. ¡Dame la nave! ¡Eres un estúpido!"

Ryan se enojó, dejó de jugar con la nave y le dio la espalda.

Jimmy asistía ahora al primer grado y estaba mucho más avanzado después de recorrer un largo camino para llegar. Pero continuaba muy impulsivo y muchas veces decía lo primero que se le venía a la mente sin pensarlo. Hacia un gran esfuerzo por ganar amigos, pero los demás niños todavía no lo aceptaban mucho. El y Ryan comenzaron a ser amigos dos meses atrás y compartían tiempo fuera de la escuela.

Me sobresalté cuando escuche a Jimmy llamar a Ryan estúpido, no solamente porque estaba hiriendo sus sentimientos, sino porque tuve miedo que perdiera al único amigo que tanto le había costado hacer.

Llame a Jimmy y le dije, "Jimmy, déjame hacerte una pregunta, ¿quieres tener más amigos?"

Me miró sin entender y me respondió con un "si".

"Muy bien.. ¿y estás contento cuando vas a sus casas a jugar o quieres más visitas?"

"Quiero más visitas" respondió

"¿Y tú crees que después de llamar a Ryan estúpido, él va a querer seguir siendo tu amigo?"

"Pero Ryan es estúpido, si pones las alas de esa manera se caerán y......"

Lo interrumpí, "No te pregunté si Ryan es estúpido, lo que te pregunto es si crees que seguirá siendo tu amigo después que lo insultaste"

"No sé, creo que no"

"Bueno, tú me has dicho que quieres tener más amigos y más visitas a sus casas para jugar, entonces no puedo comprender porqué insultaste a Ryan"

Luego de una pausa le dije, "¿Quieres regresar a jugar?"

"si"

"entonces ve y sigue"

Jimmy siempre ha tenido problemas con quien le dice que algo que ha hecho está mal o que es una mala idea. Aprendí que si le hago algunas preguntas sin forzarlo a que admita que estuvo mal, es más probable que me hable con honestidad y hasta cambie su comportamiento.

¿Este trabajo lo hice por ti?

La clave para un diálogo con el niño es basar la discusión alrededor de preguntarle, de muchas maneras posibles, "Las opciones que has tomado, te llevaron a conseguir lo que quieres?"

Cuando llevamos al niño a examinar los hechos e ideas basado en lo que es mejor para su interés, en lugar de comunicarle la conclusión acerca de lo que debe o no debe hacer, abrazará mucho más fácilmente realizaciones y conclusiones propias porque se siente respetado y no manipulado.

Para que un diálogo Socrático tenga efecto es necesario un problema, dilema o frustración que eliminar. Los problemas llevan a frustraciones, que llevan a preguntas, que llevan a respuestas.

A veces será necesario crear una frustración para poder comenzar, Como el caso de James de cinco años, que escribía las letras para la tarea con apuro. Lo observe escribiendo las letras tan rápido que no se entendían y estaban muy lejos de ser su mejor trabajo.

Cuando James me entregó la primera página le dije, "Perdón, pero no puedo leer esto, tienes que hacerlo de nuevo"

El niño tomó la página, borró todo lo escrito, y volvió a escribir las letras a toda velocidad.

Cuando me lo entregó, esta vez le dije, "Bueno, estas tres primeras letras están bien, pero el resto se ve igual de mal que la vez anterior, vas a tener que borrar estas y corregirlas"

Luego agregué, "Déjame hacerte una pregunta, crees que se ve muy feo?"

"Bueno, es que lo escribí a toda velocidad, así puedo terminar y salir a jugar" me respondió.

"Muy bien, entonces borra todo esto y hazlo de nuevo para quede más ordenado"

James recogió el papel, volvió a su banco, borro las letras feas, y nuevamente escribió todo muy desordenado y a toda velocidad.

Cuando me regresó el papel lo examiné y le dije "Parece lo mismo. Estas primeras están bien, pero el resto se ve bastante mal. ¿Cómo hiciste con las primeras que se ven tan bien?"-

"Las hice bien despacio"

"Y porque no haces todas de la misma manera así no tienes que borrarlas y volver a hacerlas?"

"Si lo escribo despacio voy a tardar mucho tiempo y quiero terminar para poder salir a jugar"

"Déjame hacerte una pregunta, ¿qué crees que tardará más tiempo, hacer esta página cinco veces mal y rápido, o una sola vez y más lento?"

Me miró con una media sonrisa y me respondió "probablemente una sola vez y despacio."

"Entonces tu teoría es que una sola vez y despacio es mejor, ¿porqué no pruebas tu teoría en la práctica?

El niño debe preguntar

La pregunta general que queremos que el niño haga es, "¿Qué debo hacer para aliviar esta frustración?"

Sin esta pregunta inicial no habría motivación (combustible) para la realización. Para comenzar, haga preguntas que requieren reflexionar. Primero pregunte cosas generales, luego sea más específico, pero nunca ofrezca más información de la necesaria.

Pregunta general, "¿Qué crees que puedes hacer para que la letra se entienda mejor?"

Más específica, "Cuando escribiste esto ¿lo has hecho rápido, medio o lento? ¿Cuál velocidad produce el mejor resultado?"

El niño que proviene de un sistema de interacción que habilita su omnipotencia a mantenerse dominante, asociara la seguridad con mantener el control de las cosas. Esto se manifiesta como una necesidad de ser perfecto y la resistencia a quién le diga lo que tiene que hacer. Entonces cuando un adulto le indica al niño lo que está haciendo mal, o que es lo que tendría que hacer que no está haciendo, se manifiesta una resistencia natural. Recibir información de los demás (Aprendizaje) se percibe inseguro y fuera de control, mientras arribar a una conclusión por parte propia refuerza la necesidad de sentirse independiente.

Solía participar de un programa de mentores para niños entre siete a doce años de edad. Una vez por semana los mentores lideraban una discusión filosófica con los niños acerca de varias cuestiones de tipo social, moral y éticas. Teníamos una regla muy estricta que consistía en que los adultos solamente hacían preguntas, nunca darían una opinión ni contestarían a las preguntas. Estas discusiones eran muy exitosas. Forzaban a los adultos a pensar profundamente en lo que querían comunicar y en crear una atmósfera de respeto estructurado y libertad, donde los niños eran los propietarios de la conversación y se sentían cómodos para presentar sus ideas y pensamientos.

Cuando el adulto provee al niño de información y conclusiones acerca de su conducta, están cortando la oportunidad de recoger información y llegar a propias conclusiones. Cuando conducimos al niño a llegar a sus propias conclusiones, es más probable que recuerde estas conclusiones y las utilice más a menudo por asociación al sentimiento de haber arribado a esta conclusión por sí mismo.

CAPITULO 9

El orgullo del león

En la escuela y en el hogar, los métodos y programas de conducta solo son efectivos cuando se los aplica consistentemente y se juntan de una manera que uno apoya al otro.

Existen muchos profesionales bien entrenados e inteligentes que trabajan en escuelas públicas y especiales. Estos maestros, asistentes, terapeutas y ayudantes son entrenados de una manera que les provee una cantidad de herramientas y habilidades para utilizar a su gusto. Pero estas habilidades y herramientas difieren de persona en persona y de momento en momento. Esto significa que hay una cantidad de escapatorias y motivadores contradictorios que son fáciles de manipular por niños con fuertes capacidades para controlar a los de alrededor.

Por ejemplo, la consecuencia de portarse mal en clase puede ser irse a la sala de penitencias. Pero en la sala de penitencias el personal habla con ellos hasta que están listos para regresar a la clase. Mientras que cuando algunos niños llegan al cuarto de penitencia enojados y el personal los calma es efectivo, hay otro grupo de niños que llegan al aula de penitencias porque es mucho más interesante para ellos hablar con el personal y los asistentes que participar de la clase de historia. En ambos casos, la raíz del problema no es tratado.

Reales soluciones para el niño con dificultades de conducta precisa protocolos detallados que claramente definen consecuencias específicas, lenguaje y el rol de cada persona del grupo que interactúa con un niño específico. Yo llamo a este programa Sistema de interacción terapéutica (S.I.T.).

185

Mientras que el Programa S.I.T. a continuación pone su foco de atención en niños conductas más extremas, los principios encontrados en estos programas se aplican a todo adulto que desea criar niños sanos y de buena conducta. Recuerde, si su hijo recibe más estimulo suyo cuando intenta calmarlo de una rabieta que cuando no la tiene, usted resuelve una rabieta pero allana el camino para muchas otras.

Sistema de interacción terapéutica

Un Sistema de interacción terapéutica crea un ambiente necesario para permitir al niño realizar la transición de omnipotencia a interdependencia.

En el capítulo 7 describe cómo una madre usa consecuencias de acción cortas para enseñar a su hija de tres años, Sophie, como desarrollar la autorregulación que necesita para participar en la clase de danza. Cuando observamos las consecuencias que la madre usó en ese escenario, podemos el principio de un Sistema de interacción terapéutica.

La madre de Sophie usó los estados descritos en el cuadro anterior de manera que permitan a Sophie moverse fácilmente de un estado a otro basado en esfuerzos cortos y montos razonables de autocontrol. Sophie estaba así motivada a tratar de controlarse a sí misma y de esa manera conseguir la estimulación que disfrutaba en la clase de danza. Adicionalmente, consiguiendo lo que quería rápidamente dentro de los límites, reforzaba sus esfuerzos de auto control. Además, ella fue capaz de ejercitar sus músculos de auto control de a pocos, una y otra vez de nuevo, para gradualmente hacerlos más fuertes.

Antes de usar el método descrito, la madre de Sophie le decía una y otra vez que necesitaba comportarse y finalmente cuando ya tenía suficiente la llevaba a casa (el método de la "gota que colmó el vaso" del principio del Capítulo 7). Sophie tenía pocas oportunidades de reunirse y regresar a la clase. En lugar de aprender a gradualmente ejercitar el auto control, ella estaba aprendiendo que no podía hacer frente a los requerimientos de la clase de danza.

A medida que los niños con potentes identidades omnipotentes crecen y entran a la escuela, el reto de crear efectivos y consistentes límites se vuelve más complicado. Uno de los más grandes retos es coordinar esfuerzos con los diferentes adultos que interactúan con los niños en la escuela. Hasta escuelas que se especializan en trabajar con niños con problemas de conducta, raramente tienen un equipo de empleados que trabajen de manera sincronizada. Consecuentemente, los niños que han desarrollado altos niveles de habilidad para manipular y portarse mal, encuentran muchos huecos e inconsistencias para tomar ventaja. Cada vez que un niño omnipotente manipula exitosamente o evita una consecuencia o límite, el sentido de su propia omnipotencia crece más fuerte.

Para especialistas en problemas de conducta en las escuelas públicas y para el equipo de empleados en las escuelas para estos niños, la meta es a menudo calmarlos y hacerlos regresar a la clase.

La meta del Sistema de interacción terapéutica es no calmar a los niños, es más bien enseñarles a calmarse ellos mismos.

Para el equipo de empleados que simplemente tratan de calmarlos y de que regresen a la clase es como atacar en efecto de niño con mal comportamiento y no su calma. La causa de la falta de habilidad de un niño a controlarse a sí mismo es la omnipotencia. Por lo que, la meta del Sistema de interacción terapéutica es crear un ambiente e interacciones (algunas veces llamados un "ambiente de participación") que permita al niño la transición fuera de la omnipotencia a dentro de la interdependencia.

Esencialmente, se desarrollan porque el ambiente del niño no era lo suficientemente fuerte para contener la identidad omnipotente y desarrollar una fuerte tensión de mutuo reconocimiento; consecuentemente el niño no desarrolló los músculos y hábitos de autorregulación. Un Sistema de interacción terapéutica es el ambiente extra fuerte de participación necesario para contener a un niño con un sentido muy fuerte de omnipotencia.

Un S.I.T. es un programa que unifica a todos los adultos que interactúan con un niño en la escuela de manera que ellos se convierten, en efecto, en una clase de super-padres cuyas acciones y lenguaje están ajustados para proveer un sistema sofisticado que pueda consistentemente mantener límites fuertes, mientras se usa un lenguaje que ayuda al niño a la transición dentro de la interdependencia.

El programa S.I.T. para Emma de 8 años de edad, quien ha sido diagnosticada como bipolar por sus escaladas rabietas y manipulaciones; incluía pasos detallados de consecuencias predecibles así como un lenguaje específico para ser usado por el equipo de empleados en respuesta a todos los problemas de conducta.

Cuando las consecuencias en un plan de comportamiento no se ajustan en un coherente sistema, estas no funcionan. Por ejemplo, si voy a una clase y veo a un profesor dar una penitencia a un niño que interrumpe, pero el escritorio de penitencia tiene libros para leer que son más interesantes que la lección en ese momento. Si el estudiante se convierte en realmente un trastorno el profesor lo envía fuera de la clase al salón de crisis que se encuentra en el pasillo. Al estudiante le gusta el equipo de crisis y los encuentra más interesante. Ellos conversarán con él en un esfuerzo de calmarlo de manera que pueda regresar a la clase. Si el estudiante se vuelve físicamente agresivo, el equipo del colegio deberá restringirlo físicamente o ponerlo en un cuarto aislado y luego llamar al consejero del estudiante quien será el que regrese al niño a su oficina donde ellos hablarán y quizás hasta jueguen con un juego de mesa.

El gráfico debajo muestra el sistema de acciones y consecuencias a establecer:

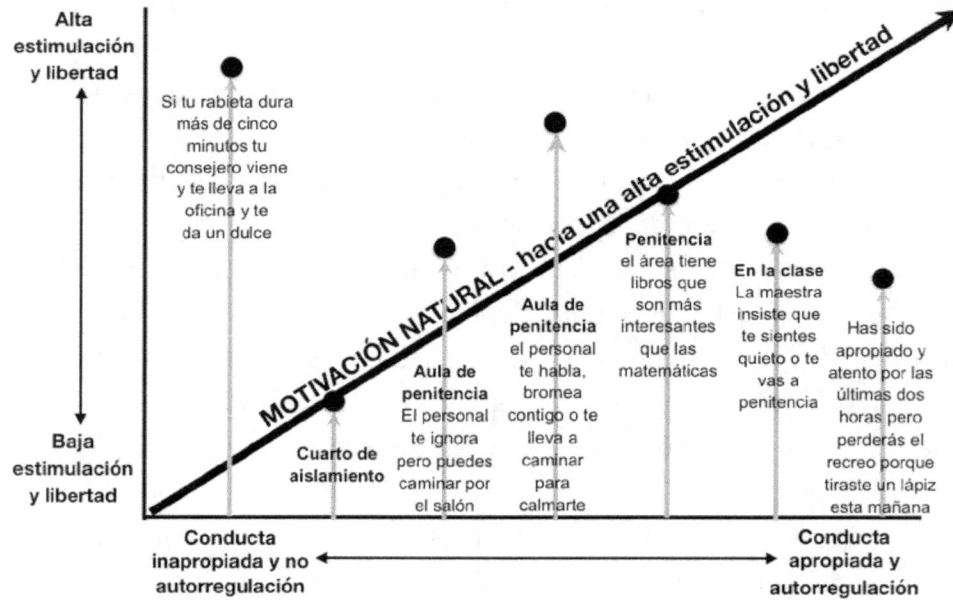

Cuando veo un sistema de interacción como el de arriba, la primera cosa que me pregunto es, "¿Cómo puedo variar las cosas para hacer la participación en la clase más interesante y valiosa? La meta es hacer del comportamiento apropiado y la participación en la clase la más valiosa elección para el estudiante. Quiero que todas las consecuencias de la elección de un estudiante caigan en esa línea diagonal que motiva un comportamiento apropiado.

Para esto necesito de dos cosas. Primero, ajustar las consecuencias de manera que caigan en la línea diagonal. Segundo, tener la seguridad de que cada persona en ese plan administre consistentemente esas consecuencias en una misma manera.

Lo primero que hago para ajustar las consecuencias es alejar las que son inefectivas y contraproducentes en la clase de manera que el aula sea un lugar más deseable para el estudiante:

° Cambiamos las consecuencias en la clase para hacerlas inmediatas y de corta duración. No más 20 minutos del recreo por el comportamiento que ocurrió dos horas antes.

° Luego, eliminamos las consecuencias por comportamiento impulsivo que no interrumpe. Está bien para el estudiante que se pare o mueva en su escritorio mientras esté atento y trabajando

Ajuste de las consecuencias

Alta estimulación y libertad

Baja estimulación y libertad

El consejero tomará al niño sólo si están en la clase

MOTIVACIÓN NATURAL - hacia una alta estimulación y libertad

Aula de penitencia Se requiere de 5 a 10 minutos de cooperación en silencio antes de regresar a la clase

Penitencia El área está vacía, silenciosa y aburrida. Uno o dos minutos quieto antes de regresar a la clase

Aula de penitencia No habrá llevada a la oficina ni caminatas alrededor

Cuarto de aislamiento Quedarse mínimo 20 minutos

En la clase Está bien pararse y moverse mientras se atienda la clase y no se interrumpa. Las consecuencias son inmediatas y cortas.

Largos periodos de atención y cooperación ganarán más libertad y privilegios.

Conducta inapropiada y no autorregulación ← → Conducta apropiada y autorregulación

Después que hice la clase más atractiva, yo trabajo para hacer las consecuencias menos atractivas.

○ Asegúrese que no hay nada para hacer en el escritorio de atención de la clase

○ Que el equipo de crisis no tenga ninguna conversación con los estudiantes que están en el cuarto de penitencia.

○ Los estudiantes que se encuentran en el cuarto de crisis deben pararse o sentarse en un solo lugar hasta que terminen la tarea requerida para regresar a la clase.

○ Los consejeros están de acuerdo en que solamente tomarán estudiantes de la clase y no del cuarto de crisis. Asegurarse que los estudiantes no han sido premiados por acciones que resultaron de tener que dejar la clase.

Una vez que usted tiene un buen plan de conducta, el siguiente paso es asegurarse de que se cumpla consistentemente. Hay tres áreas que observar para hacer un plan de conducta consistente.

° <u>Sus propias acciones</u> - permanezca firme en su propia aplicación del plan.

° <u>Las acciones de varios adultos deben ser del plan establecido</u> – Coordine con todos los envueltos en el plan particular (casa, aula, clase de danza) para aplicar el plan de la misma manera (el algunos casos envuelve a una sola persona, ¡a usted!)

° <u>Las acciones de los adultos para cada diferente caso</u> – *Si se puede*, coordine con los adultos en diferentes casos para seguir el mismo plan. Si esto no es posible (como el niño que es criado en dos diferentes hogares con padres que no están de acuerdo en el método, o un hogar o clase donde alguien que no se envuelve en el plan) entonces esté seguro que las consecuencias del plan de conducta no requieren de la cooperación de todos fuera de este.

La mayoría de las intervenciones de conducta que he realizado en los últimos dieciocho años no tenían todos los tres niveles de consistencia delineados arriba.

Particularmente en los primeros años aplicando mi método la única cosa que yo podía garantizar era la consistencia de mis propias acciones, por lo que hice esfuerzos mayores en asegurarme que yo era el que daba las consecuencias en el entorno determinado (usualmente en la clase o la escuela)

Cuando soy requerido a una escuela para diseñar protocolos de conducta para niños difíciles, hago una de las preguntas más comunes, "¿No necesitamos que los padres hagan lo mismo de manera que esto funcione?" Algunas veces un padre divorciado me preguntará lo mismo, "¿Mi ex no necesita realizar el mismo plan para que esto funcione del todo?" Mi respuesta corta a ambas preguntas es "No".

Mientras que siempre es mejor para el niño y más fácil para los adultos que todos estén en el mismo plan, no es necesario. Se esto porque en los muchos casos en que he trabajado, tener a todos usando el mismo plan es imposible. Algunas veces la madre del niño cuida de él como en un refugio para desamparados. Algunas veces los dos padres viven en casas separadas y no se hablan. Y en algunos casos los padres no son capaces, o simplemente se rehúsan al cambio en de las cosas en casa.

Lo que yo aprendo de todo esto es que los niños se adaptan y responden diferente a varios ambientes. Por ejemplo, un niño puede moverse a través de diferentes sistemas de interacción, cada uno con sus diferentes reglas e individuos. Los ambientes de Molly incluyen la casa de su madre, la escuela primaria, el campo de juego, y la casa de su padre. En la casa de su madre ella puede estar completamente fuera de control, mientras que en la escuela y el campo de juego tiene algunos problemas y en la casa de su padre, es de nuevo, diferente. He visto niños que, en un año de exitoso plan de conducta, son atentos y respetuosos con los adultos en la escuela pero el mismo niño gritará y le pegará a su madre cuando ella llega a recogerlo.

Solo vaya a cualquier escuela primaria o secundaria y siga a diferentes estudiantes de un maestro a otro y verá que los mismos niños se portarán enteramente diferentes con diferentes profesores.

Estudiantes que son ruidosos, interrumpen y son rudos con un profesor, son a menudo calmados, atentos y respetuosos diez minutos después en otra clase con otro profesor.

Los niños aprenden y se adaptan a diferentes ambientes, a diferentes sistemas de interacción. En orden de lograr el mejor cambio en el comportamiento del niño, no es necesario cambiar todos los sistemas de interacción en que se mueve, más bien componer uno de los ambientes para que se convierta en el sistema distinto donde usted pueda controlar la mayoría o todos los motivadores y consecuencias.

No se equivoque, cuando sea posible, todos los adultos que interactúan con el niño deberán estar en el mismo plan. Ciertamente la más rápido y profunda la transformación que he visto con los niños ha sido en este último caso. Pero cuando no es posible, un plan de conducta es un sistema autónomo que funcionará de maravilla.

Motivadores en conflicto

A menudo voy a escuelas y veo que el plan de conducta establecido está lleno de huecos y motivadores en conflicto. Por ejemplo, cuando sea que William de ocho años no puede sentarse quieto y en su lugar se está moviendo con algo en su pupitre, el asistente le dice, "William, si no empiezas a hacer la tarea voy te quitaré 10 minutos del recreo". Pero lo dice diez o quince veces antes de en realidad hacerlo. Si el especialista ve que el niño está teniendo problemas en enfocarse, le da a

William una "ruptura sensorial" lo que significa que lo tomará fuera de la clase y lo dejará que suelte su energía. Algunas veces si el profesor lo ve sin enfocarse le dará tareas que hacer en clase.

La relación entre auto control y estimulación luce de la siguiente manera:

- Ejercitar alto auto-control – Hacer la tarea regular asignada – Estimulación mediana
- Ejercitar menos auto-control – Riesgo de perder el recreo (1 a 10) - Estimulación pequeña
- Repetida falta de auto-control – Salir de la clase por 5 minutos (1 a 5) - Estimulación alta
- Repetida falta de auto-control – Realizar tareas para el profesor (1 a 5) – Estimulación alta

Porque las consecuencias de sus acciones no han sido coordinadas en la manera de consistentemente motivar auto-control, William es motivado repetidamente a portarse mal como lo es de esforzarse en su tarea escolar.

El mismo grupo de consecuencias pueden ser coordinadas para motivar auto-control siendo establecidas de la siguiente manera:

- Ejercitar un **muy alto auto-control** - Terminar la tarea antes del término – Salir por cinco minutos – **La más alta estimulación**

- Ejercitar **alto auto-control** – Permanecer enfocado en la clase por quince minutos – Realizar una tarea para el profesor en clase – **Alta estimulación**

- Ejercitar **mediano auto-control** – Moverse lentamente en la clase – Permanecer en el pupitre atendiendo la clase – **Mediana estimulación**

- Ejercitar **bajo auto-control** – Constantemente desenfocado y no realizar la tarea asignada – Sentarse en el pupitre de enfoque por un minuto sin nada que hacer – **Baja estimulación**

- Ejercitar el **más bajo auto-control** – ir al pupitre de enfoque tan a menudo que una mínima tarea ha sido terminada – Permanecer en la clase a la hora del recreo hasta que la tarea sin terminar este hecha – La **más baja estimulación**

Un plan de conducta que sea estructurado como el que se describe líneas arriba inicialmente se creará para ajustarse a las capacidades de determinado estudiante. Si quince minutos de continua concentración en una tarea enteramente desconocida, entonces empezará un nivel que sea factible cuando es motivado. A manera que las habilidades del niño de enfocarse y permanecer en la tarea aumenta, entonces habrá veces y tareas que se requieran para cumplir las metas establecidas en el plan de conducta.

Más tareas ¿por favor?

Recientemente, fui a una escuela con un protocolo de solución de problemas para una niña del tercer grado llamada Samantha. Ella tenía un protocolo básico que le daba cortas penitencias en la clase cuando su conducta se volvía inapropiada o manipuladora. Ella no estaba permitida de llevar sus tareas a la penitencia, y si se retrasaba en su tarea tenía que terminarla durante el recreo, receso o almuerzo. El programa era bastante exitoso hasta después del almuerzo cada día. Porque no había ningún receso hasta que la escuela terminaba, Samantha a menudo se rehusaba a trabajar, hablaba mucho e interrumpía a otros todas las tardes. Todo el trabajo que ella no terminaba en la tarde se enviaba a casa como tarea. Pero parecía que a Samantha no le importaba, se portaba mal en cada asignatura que no le gustaba y no le importaba si le daban penitencias. El trabajo era enviado a casa y regresaba terminado al día siguiente.

Con una pequeña investigación me di cuenta que la mamá de la niña la premiaba todas las noches con juguetes y juegos de videos por hacer su tarea. Mas tarea hacía más regalos recibía. Por lo que la mamá de Samantha era fácilmente burlada con el cuento que la tarea era muy difícil y se sentaría con ella dándole las soluciones a menudo. (La profesora se rehusaba a creer las quejas de Samantha de que "eran muy difíciles" y sabía que, si se le presionaba, sería capaz y la dejaba ir) Cuando era examinada en la escuela Samantha retenía muy poco de lo que no había completado en la tarde y llevaba tarea a casa.

Los planes de conducta deben ser desarrollados de manera que las causas y los efectos de cada plan son contenidos enteramente dentro del ambiente de la escuela. Nunca he enviado a un niño a casa con una consecuencia para ser cumplida por los padres o con una nota sobre cómo se mal comportó o que no debería tener ciertos privilegios. Primero que nada, quiero que el niño sea capaz de empezar fresco cuando deja a escuela. Usted nunca sabe las consecuencias o premios que son dados en casa o si apoyarán el estilo y las reglas que han sido establecidas en la escuela.

Mientras puede ser extraño que una madre lleve a su hijo a la escuela y le diga a la profesora que se comportó mal o que no se le deje ir a recreo, es común que un profesor o especialista en conducta enviar al niño a casa con un reporte sobre su mala conducta en la escuela y la solicitud que sea castigado o cortado de ciertos privilegios. Por lo que cuando yo desarrollo un plan de conducta, me aseguro que sea un plan autónomo.

¡Quiero Kung-Fu Panda!

Algunas veces a pesar de todos sus esfuerzos para lo contrario, un plan de conducta que aparenta ser autónomo se rompe por influencias externas.

Estaba trabajando con un niño de siete años llamado Cristopher quien era medianamente autista y de conducta muy antagónica.

Se le daban penitencias y gritaba histéricamente cuando eso ocurría. Él se rehusaba particularmente cuando se trataba de hacer alguna tarea de la escuela que no prefería y tiraría libros y lápices y se violentaba con el personal a menudo.

Establecimos un plan de conducta que incluía actividades que el disfrutaba por cinco minutos al final de cada hora, cortas consecuencias inmediatas e indicaciones verbales que dirigían su atención de consecuencias negativas sobre trabajar hacia las actividades que le gustaban. El programa funcionó como un sueño por cinco semanas hasta que las cosas empezaron a empeorar. En este punto, se ponía histérico cuando se le daba una consecuencia por portarse mal o rehusar hacer la tarea de la clase. Golpeaba al equipo de empleados, tiraba las cosas y a menudo tenía que ser físicamente removido de la clase para evitar que lastimara a otros.

Cuando fui a la escuela para observarlo y encontrar que es lo que estaba pasando, noté que Cristopher estaba de nuevo encajando en las consecuencias negativas. Se veía actuando totalmente fuera de proporción por las pequeñas penitencias que se le daban. Cuando se ponía histérico también se volvía obsesionado con una película que quería ver, "¡No iré al pupitre de enfoque! ¡Quiero ver Kung-Fu Panda!". En otra ocasión gritaría, "¡POR FAVOR, no me lleven al cuarto de penitencias, seré bueno, debo tener mi fiesta de Iron-Man!". Tratábamos de consolarlo diciéndole que él no era malo o que estaba en problemas, que no le quitaríamos ninguna fiesta y que si se calmaba podía regresar a la clase; pero nada surtía efecto.

Finalmente, un día que estaba en el cuarto de penitencias se calmó, se puso serio y me dijo, "Tú no entiendes, no puedo estar acá, Si voy al cuarto de penitencia no tendré mi fiesta de Iron-man" y luego empezó a llorar. En este punto, me di cuenta que lo que alimentaba su reacción excesiva a las cortas penitencias tenía que ver con las consecuencias y premios que tenía en casa.

Todos los días Cristopher era enviado a casa con un reporte del profesor sobre su conducta y trabajo en clase. Alentados por los buenos reportes y las cinco semanas de progreso, y ansiosos de que continúe, sus padres decidieron darle incentivos para continuar con su buen trabajo en la escuela. Le decían que si no tenía que ir al cuarto de penitencias o fuera de la clase, le darían regalitos especiales. Una semana lo llevaron a ver la película infantil Kung-Fu Panda. Otra vez le prometieron que le harían una fiesta de Iron-man si se mantenía bien por dos semanas.

Establecido con la mejor intención, el sistema de premios en la casa había minado el programa de la escuela. El sistema de cortas, inmediatas y pequeñas consecuencias se había convertido en uno de grandes y largas consecuencias. Y porque los padres no eran específicos sobre la cantidad, el problema de conducta lo descalificaba para los premios que prometían y el niño asumía que cualquier error arruinaba todo. Si era llevado al cuarto de penitencias el lunes, se ponía histérico y era castigado, desmotivado y desalentado cada día por las siguientes dos semanas.

Después de hablar con los padres, explicándoles lo que veíamos, pararon de establecer consecuencias y premios por su conducta en la escuela. En dos semanas el plan de la escuela empezó a funcionar de nuevo.

Este es un ejemplo de que en un ambiente de conducta donde exista una fuga y no está trabajando, es por las consecuencias externas. La solución es encontrar el hueco, parcharlo y sellar el ambiente de conducta.

CONCLUSIÓN

LIBERANDO AL NIÑO

Un reconocimiento mutuo, la tensión interna entre la necesidad del yo y la necesidad del otro, es la base del desarrollo psicológico y debe convertirse en el principio básico de enfoque de la crianza del niño. Sin esto, nuestros niños se convierten en débiles emocionalmente, solitarios, manejados por la ansiedad, indisciplinados y narcisistas.

Con esta guía, se convierten en poderosos pero también capaces de intimar, auto-disciplinados, alegres y compasivos. Con el reconocimiento mutuo, el niño se convierte en un león.

Los conceptos en este libro están diseñados para realizar con éxito lo mismo, enseñar a los adultos a criar niños que son psicológicamente fuertes y sanos.

El método de "encontrar la mano" que propongo desarrolla una relación entre el adulto y el niño que simultáneamente crea unos límites firmes. Estos límites construyen una conexión y auto disciplina mientras apoyan el poder y la autonomía del niño y como resultado, una sana auto expresión y entidad. Cuando el ambiente de encontrar la mano es creado, se establece un equilibrio psicológico sano. Contiene y mantiene el balance y permite el desarrollo de poder, conexión, autorregulación y una real capacidad de intimación.

En el niño normal, este método extraerán y fortificarán la auto disciplina, la regulación emocional, independencia y todas las características que apoyan el respeto por uno mismo y por los demás. Para niños que han desarrollado patrones disfuncionales de interacción o conducta, puede marcar la diferencia entre unas características que serán diagnosticadas como "confusas" o incapacitadas" y regresar estas características a un campo de salud.

Mi objetivo es cambiar la forma en que vemos a los niños hacia una más seria en el rol de nuestras interacciones y su importancia en el desarrollo de la conducta, proceso de conocimiento y neurología. No estoy diciendo que la crianza del niño basada en el mutuo reconocimiento debe ser de ninguna manera fraguada o construida sobre pilotes. Por el contrario, crianza y educación basadas en los principios de reconocimiento mutuo deben permitir a los adultos y al niño a construir una natural y sana relación basada en la más auténtica personalidad.

El estilo de crianza auténtico debe producir profunda satisfacción, pero no puede ser construida sin dificultad y esfuerzo.

Somos posiblemente la primera generación de padres y maestros los cuales (con nuestros esfuerzos) garantizaran la salud mental del niño de acuerdo con el compromiso de evolucionar el método de criarlos.

Nuestros niños se convierten en leones y hay que ayudarlos. No podemos hacer esto mientras regresemos y volvamos a los métodos autoritarios del pasado. Tampoco debemos darle la espalda al sentido común, renunciando a nuestro rol y responsabilidad como adultos. Es tiempo de aprender del pasado y encaminarnos hacia el futuro de una forma nueva.

GLOSARIO

Poder.- La habilidad del niño de reconocer y tomar iniciativa de sus propios deseos, necesidades, intereses y opiniones. El poder puede ser exteriorizado agresivamente a través de gritos, llanto y agresiones físicas, o de manera pasiva como fingir inhabilidad o desentendimiento para evitar alguna consecuencia o esfuerzo no deseado. El poder es el resultado del auto reconocimiento. Textos acerca de la teoría intersubjetiva se refieren al poder como "ente."

Conexión.- La habilidad del niño de poder respetar los deseos y necesidades de los demás. Tener empatía por los demás y la capacidad de íntima amistad es el resultado de la habilidad de conexión. Es la habilidad de reconocer a los demás al igual que al yo. Textos acerca de la teoría intersubjetiva se refieren a la conexión como "intimidad".

Reconocimiento mutuo.- La habilidad de un sano reconocimiento del yo y de los demás. La tensión y la habilidad de amarse a uno mismo respetando y considerando las necesidades de los que nos rodean desarrolla los músculos psicológicos necesarios. Estos se manifiestan como auto regulación, auto disciplina, y un sentimiento real de conexión con los demás. Podemos acertar al decir que el reconocimiento mutuo es el componente básico de la salud mental.

Unidad.- La primera identidad del niño. En este estado el niño no reconoce la separación entre él y los padres. En cambio, sus padres son percibidos como una extensión del niño. El niño comienza a cambiar esta perspectiva entre las edades de ocho a catorce meses.

Omnipotencia.- La segunda identidad del niño. En este estado el niño reconoce y establece su propio poder pero no ha comenzado a reconocer el poder de los demás. Consecuentemente, el niño intenta obligar a los adultos a satisfacer todo lo que desea y aliviar todas sus frustraciones.

Interdependencia.- En este estado el niño no siente forzado a controlar su entorno, porque ha llegado a la realización que él es independiente de los demás y dependiente a la vez. EL reconocimiento de su poder independiente y del poder de los demás, es el comienzo del reconocimiento mutuo. En este estado el niño ha aprendido a manejar muchas de sus dificultades y frustraciones por sí mismo en lugar de insistir a los adultos que lo hagan por él.

Sistema de Interacción.- Es el grupo de límites e interacciones que determina si el niño se mantiene dentro de la identidad omnipotente o transita hacia la identidad interdependiente. Un sistema capaz de asegurar firmes límites mientras reconoce y acepta el poder del niño. Esto permitirá el desarrollo de un sano reconocimiento mutuo dentro del niño. El sistema de interacción también puede ser llamado "Ambiente de aferramiento."

Para más información acerca de este libro, videos tutoriales y calendario de presentaciones de Joe Newman por favor dirigirse a CriandoLeones.com